本マニュアルは、
アメリカ合衆国大統領が独占する資産である。

大統領

（ここに署名のこと）

JN236691

大統領
になったら

【アメリカ大統領
究極マニュアル】

大統領になったら

【アメリカ大統領究極マニュアル】

就任後、何をし、どこに行けばいいのか

スティーヴン・P・ウィリアムズ

HOW TO BE A PRESIDENT
by Stephen P. Williams,
illustrations by Nancy Leonard

First published in English
by Chronicle Books, San Francisco, California
Japanese translation rights arranged with
QUIRK BOOKS through Owl's Agency inc.

誰に対しても礼儀正しく接するべきだが、親密になる相手は絞らなければならない。また、その数少ない相手も、十分に試した上で信頼するべきだ。

—— ジョージ・ワシントン ——
アメリカ合衆国初代大統領（在任期間1789〜1797）

私はニクソンに、大統領というのは雹の嵐に降り込められた雄ロバのようだと言ったことがある。ただじっとその場に立ち、耐え忍ばなければならないからだ。

—— リンドン・ベインズ・ジョンソン ——
アメリカ合衆国36代大統領（在任期間1963〜1969）

目　次

SEAL OF THE PRESIDENT OF THE UNITED STATES
E Pluribus Unum

はじめに

アメリカ合衆国大統領就任
1日目を迎えたあなたに

本マニュアル情報は、あなたが就いたこの新しい地位のさまざまな側面を紹介し、任期中に遭遇するであろう状況に関する助言や情報となるよう、まとめられています。全編にわたって繰り返し登場する、「よくある質問」、重要な儀典とスキル(「大統領に不可欠な知識」)、一般的な質問を集めたとっておきの情報、公式行事の際に特に注意すべき重要なポイントの各項、そして「機密扱い」の図面や挿絵の数々を通して、合衆国大統領として生活し、仕事をする上での基本的な指針と知識を習得することができます。また、本書中にしばしば登場しますが、アメリカ合衆国大統領にはPOTUS（ポータス）、ホワイトハウスにはＷＨ、大統領の家族（ファースト・ファミリー）にはFF、シークレット・サービスにはＳＳという略称が使われています。

本マニュアルの内容は少しずつ形を変えながら、ジョージ・ワシントン以来の歴代の大統領に伝えられ、彼ら自身の手によって改良されてきました。まさに200年以上にわたる知恵の集大成といえるでしょう。遠慮せずどんどんメモを書きこんでください。大統領職を退く際に、あなた自身の手でこのマニュアルを改良することになるからです。就任後100日間は、常時このマニュアルを携帯することをお勧めします。ではあなたに幸運と、アメリカに神のご加護があらんことを。

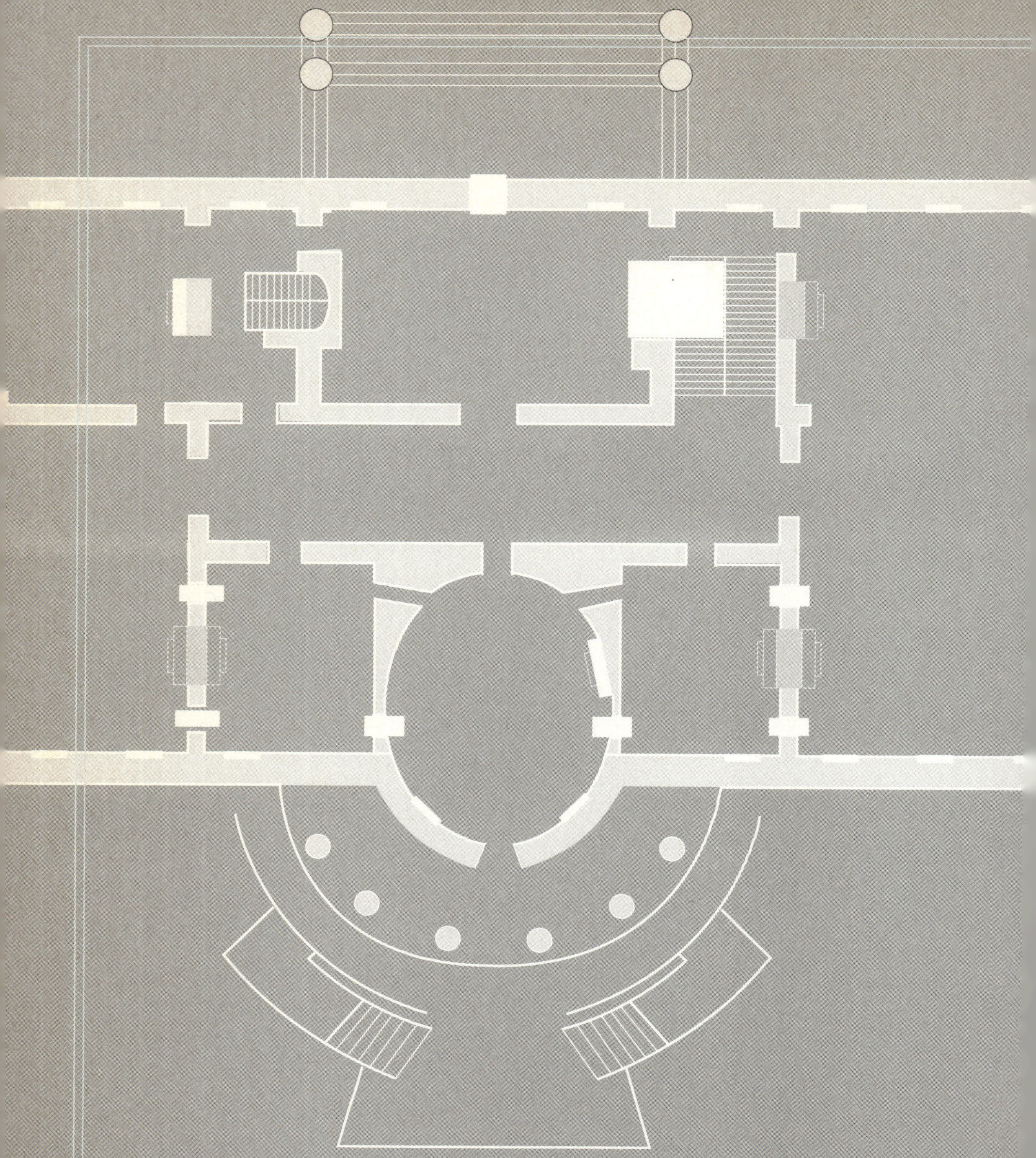

1 階

第1章

落ち着く——ようこそホワイトハウスへ

ホワイトハウスは、長年、アメリカ合衆国の「国民の家」と呼ばれてきました。大統領となったあなたは、家族とともにここで生活することを勧められます――これは義務ではありませんが、ジョン・アダムス以来の代々の大統領がホワイトハウスで暮らしてきました。この200年間で、大統領を頭とする政府の行政機構は、ホワイトハウスに拠点をおく機関に進化しました。この職住環境は、年中無休の24時間勤務である大統領職の性質に極めて適しており、国を動かす重要な職務を離れることなく、家族と過ごす時間をとれるようになっています。ホワイトハウスにいれば、シチュエーション・ルーム（作戦司令室）にも、寝室にも、すぐに行くことができるのです。

大統領に不可欠な知識

朝食の注文のしかた

ルームサービスを注文する時は、オペレーターを呼び出し、世話係かホワイトハウスのキッチンに電話をつないでもらいます。好みに合わせて注文した朝食は、自室に届けてもらうことも、FFのダイニングテーブルで給仕してもらうこともできます。

- あなたやファースト・ファミリー、ゲストが、食物アレルギーや糖質摂取の制限、味の好みなど、食事に関する特別な配慮を必要としている場合は、ホワイトハウスのソーシャル・オフィスに指示してください。この部署では食事のニーズに関するファイルを作成・管理し、適宜ホワイトハウスのシェフに伝達しています。

- 朝食の例

オレンジジュース（グラス小）	コーヒーまたは紅茶
半熟卵2個	バター&ジャム
焼いたターキーベーコン	ミルク
全粒粉パンのトースト	砂糖
さいの目に切ったカンタループ・メロン	塩&コショウ

大統領に不可欠な知識

赤い電話

あなたの枕元には、深刻な緊急事態が発生した際にしか鳴らない電話が設置してあります。アメリカが攻撃を受けた場合、国家安全保障問題担当補佐官が大統領への通報に使用する専用回線です。

- あなたの移動先には、必ず「赤い電話」に指定された電話回線が用意されます。
- 電話機の色はベージュ、黒、白などその都度変わりますが、重大な緊急事態の最中に、電話を受発信するために設置されているというその意図は明白なはずです。

赤い電話は、必ずしも赤いわけではありません。

よくある質問

ベッドメーキングは自分でするのでしょうか?

いいえ、自分でする必要はありません。ホワイトハウスでは、ベッドメーキングやそれに類似の仕事をする常勤のハウスキーパーを複数名雇用しています。

- ベッドメーキングの方法を指定したい場合（例えば、シーツの角を折り返す、端を折り返すとシーツの模様が見えるように模様の面が下にしてシーツを敷くなど）は、ハウスキーピングの責任者に伝えてください。

汚れたパジャマはどこに出せばいいでしょう?

FFのバスルームやドレッシング・ルームには、洗濯かごが用意されています。汚れた衣類はすべてこれらのかごに入れてください。

- 洗濯かごの上の引き出しに、ビニール袋と、ホテルの部屋にあるような、手洗いやドライクリーニングなどの利用可能なサービスを列記したカードが入っています。

誰が洗濯物を洗ってくれるのですか?

WHには、洗濯の設備と専任スタッフがそろっています。大統領とFFは、一家の居住区にあるバスルームやドレッシング・ルームに用意されたどの洗濯かごの中に汚れた衣類を出してもかまいません。

- ドライクリーニングの手配はWHスタッフが行いますが、代金はFFが負担します。請求書は、毎月月初めに大統領に手渡されます。

髪を切るにはどうしたらいいのでしょう?

WH公認の理容師やヘアスタイリストというのはいません。大統領たちは、昔からワシントンDC地域のヘアスペシャリストによるサービスを利用しています。

- どのヘアスペシャリストも、FBIによる徹底した身元調査を経て、問題がないと証明されてはじめてWHへの立ち入りが許されます。そのため、新任の大統領が、前任者のスタイリストに続投を依頼することはよくあります。
- カット料は大統領の自己負担です。最近在任していた大統領たちは、ヘアカットに30ドルから200ドルかけていました。
- 同様に、内勤のマッサージ師、ネイルアーティスト、フェイシャリストはいませんが、地域の業者を利用してこうしたサービスを受けることができます。

大統領が受けられる無料特典

大統領であるあなたには、WHが提供する無料特典を享受する権利が与えられています。

- ボールペン
- 名前入りの便箋と封筒
- ディストリクト・ケーブルビジョンが提供する64チャンネルを視聴できるほか、WHの衛星放送受信機経由で無制限にチャンネルを視聴可能
- 高速インターネットアクセス
- 大統領印章入り歯みがきカップ
- 世話係およびハウスキーピング・サービス
- 軍最高司令官専用テリー織バスローブ
- 新聞・雑誌の無制限購読
- すべての食事
- 米国映画協会より、封切られたばかりの映画や、公開前の映画、旧作が、無償で提供
- モーニングコール
- 市内・国際電話
- 毎晩のベッドカバー取り外しサービス
- ミント菓子と飴菓子の無制限サービス

デオドラント、ヘアスプレー、歯みがき粉など、個人的に使用する非医薬品は、すべてあなたの自己負担になります。

大統領に不可欠な知識

家族の居住区

以下にあげた３階の部屋や区域は、FFの居住空間として使用されています（WHでは、１階が「グラウンドフロア」、２階が「ファーストフロア」、３階が「セカンドフロア」となっています）。

- イースト・ルームのすぐ外にある**セレモニアル・ステアウェイ**（中央階段）は、家族の部屋がある３階に通じています。伝統により、賓客を出迎えるために大統領がこの階段を下りていく間は、海兵隊軍楽隊が『Hail to the Chief（首長万歳）』を階段下で演奏することになっています。
- あなたが今朝目覚めたのが、**マスター・ベッドルーム**（主寝室）です。つい昨日までは前任者がいたこの部屋ですが、ベッドリネンはあなたの政権のために新しく買い整えられたものを使用しています。
- 大統領配偶者の**ドレッシング・ルーム**は、３階の南西の角にある小さな日当たりのよい部屋で、マスター・ベッドルームに隣接しています。（多くのファースト・カップルが、この奥まった一角を私的な憩いの場として利用してきました。）

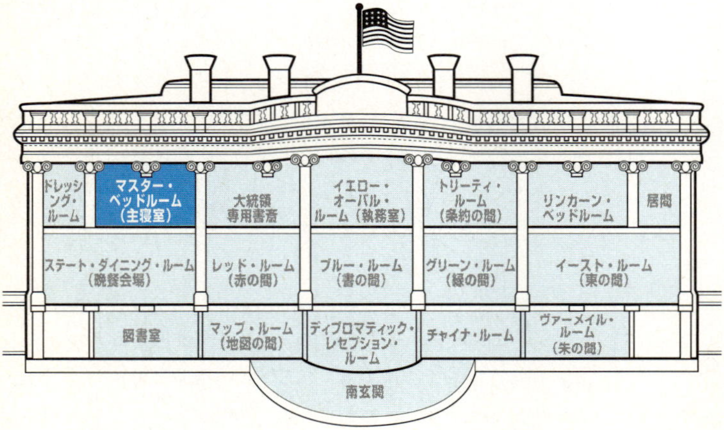

3 階

主な居住用の部屋

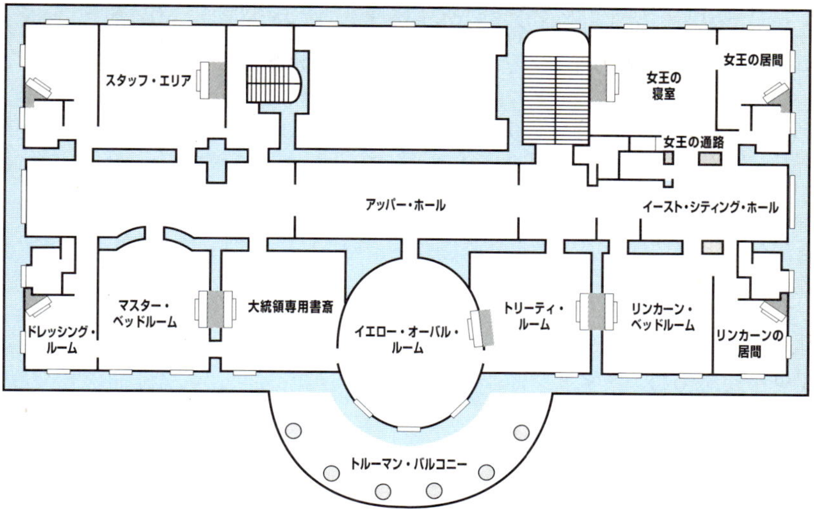

- 多くのファースト・カップルは夜、**大統領書斎**でくつろいでいました。レーガン大統領夫妻はよくテレビの前に陣取って、ＴＶトレイにのせた夕食をとっていたものです。
- **イエロー・オーバル・ルーム**は、卵色の壁に囲まれた卵型の部屋で、トルーマン・バルコニーに通じています。
- **トルーマン・バルコニー**は、南のポルチコの3階にある静かなバルコニーで、歴代ファースト・ファミリーお気に入りの憩いの空間です。
- **トリーティ・ルーム**は、FFの居住区で仕事をする必要が生じた際、顧問団や職員たちが大統領を待つ控えの間です。ジャクリーン・ケネディが「顧問団を居間から追い出す」ため、1962年に模様替えを行い、この部屋に以前とは別の用途を持たせたのです。

- **リンカーン・ベッドルーム**には、精巧な細工が施され縦９フィート(注：１フィートは30.48センチ)、横６フィートのベッドがおいてあります。リンカーン大統領自身はここで寝たことはありませんが、数多くの賓客がこのベッドを使っています。
- **リンカーンの居間**は、大統領官邸の東南の角に位置しています。多くの大統領がこの部屋で読書をし、くつろぎの時を過ごしました。ニクソン大統領はここで葉巻をくわえるのが習慣でした。
- **女王の寝室と居間**は、大きな四柱式寝台を備えた、ピンクが基調のゲスト・スイートです。大英帝国のエリザベス１世と２世、オランダ王国のウィルヘルミナ女王、ギリシャのフレデリカ王妃がこの部屋に泊まりました。こうした女王たちに敬意を表して、この部屋は「女王の寝室」と命名されたのです。
- あなたがほとんどの食事をとることになるのが、**エグゼクティブ・レジデンス・ダイニングルーム**（図には表示されていません）です。

大統領はWH内のどの部屋も、いつでも自由に使うことができます。しかし、FFがくつろいだり、他の人々をもてなすためによく利用するのは、主として以下にあげる部屋です。

- １階の**図書室**には、アメリカ人の生活に関する2700冊もの蔵書が収められています。
- １階の**マップ・ルーム**は、第２次世界大戦中、フランクリン・D・ルーズベルトがシチュエーション・ルームとして使用していました。
- １階の**チャイナ・ルーム**は、ジョージ・ワシントン以来の歴代のアメリカ大統領が使用したさまざまなデザインの陶磁器がすべて展示されている、世界で唯一の場所です。

１　階

主な部屋

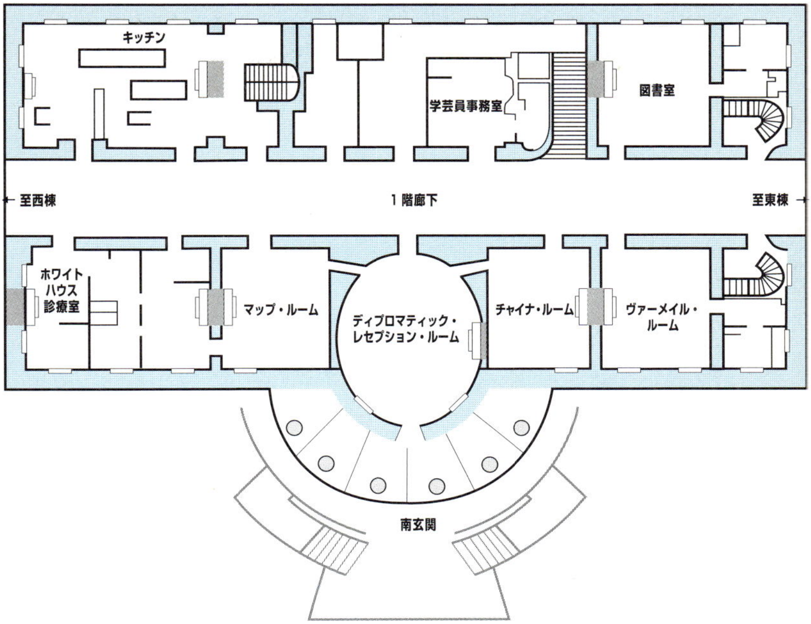

- １階の**ヴァーメイル・ルーム**には、19世紀初期のヴァーメイル（金めっきが施された銀器）コレクションが展示されています。
- ２階の**レッド・ルーム**は壁が赤いのが特徴です。FFやゲストは、しばしばこの部屋でお茶を飲みます。
- ２階の**ブルー・ルーム**は、壁が青く、楕円形をしています。1902年に西棟が建築された際、この部屋の形からアイデアを得て、オーバル・オフィスが誕生しました。

- ２階のグリーン・ルームの壁は緑色です。この部屋は、カード・ルームやリサイタル・ルームとして、また、エイブラハム・リンカーン大統領の11歳の息子が腸チフスで命を落とした際には、遺体の防腐処置室として使われるなど、さまざまに使用されてきました。
- イースト・ルームは、ホワイトハウスの東端にある大きな（2844平方フィート）（注：264.22平方メートル）スペースで、体育館や、ラファイエット将軍から贈られたペットのワニ小屋、アジアの工芸品を集めた美術館など、さまざまな用途に使用されてきました。最近では、大統領の賓客が集う場として、あるいはケイト・スミスやペリー・コモ、ハリー・コニックJr.などのミュージシャンの演奏会場として使われています。

秘密の通路

- １階の廊下には、ウィンストン・チャーチルとドワイト・D・アイゼンハワーの胸像が並んでいますが、その間にドアがあります。そのドアを入ったら、収納室を横切り、花屋のそばから部屋の外に出ます。後さらに通路をたどっていき、L字型に曲っている場所に来たら、右に折れて地下室のような場所に入っていきます。「マリリンの入り口」として知られるスチール製のドアにたどり着くまで、そのまま歩いていってください。このドアを開けると、WHの東棟の下を通って、隣の財務省ビルの中に出るトンネルがあります。
- ３階の女王のベッドルームの外に、壁を切って造られた隠し扉があります。この扉を開けると、4階のサンルームへ行く階段があります。サンルームからは、夜空とワシントンDCの眺望が楽しめます。

ホワイトハウス

- 1792年に建設されたパッラーディオ様式の建築物
- ジョン・アダムス以来の歴代大統領の住居
- 1814年に英国人に焼き打ちされ、外壁のみ残る。1817年に復元終了。1820年、南北のポルチコ増設
- 全長170フィート、奥行き85フィート（本館部分）
- 敷地18エーカー（注：7.2ヘクタール）、132室、6階建て、階段8、エレベーター3、浴室35、寝室11、事務室43（小寝室を含む）、暖炉28、窓147、ドア412、ドアノブ824、クローゼット37、キッチン3、冷蔵庫16、流し台40
- 身障者対応

ホワイトハウスのペット規約

大統領は希望すれば、どんなペットでも、WHで飼育することができます。居住区で犬や猫を飼うのは一般的で、これまでに歴代大統領の家族が飼育してきた400匹にのぼるペットの中には、ポニーやオウム、ヤギ、シマウマ、そしてワニまでがいました。

- WH職員は、動物にきちんとエサと水を与え、必要に応じて散歩させます。ペットの精神衛生管理やトレーニングに関しては、すべてFFが責任をもって行うものとします。
- ペットが著書を書き、出版することも許可されています。ただし、印税は慣例的に慈善事業に寄付されています。
- 希望すれば、自分で飼い犬を散歩させることもできます。通常は、SS職員や、世話係、管理スタッフをはじめ、手の空いたWH職員がこの任務を担当します。

過去に大統領が飼っていたペット

- ジョージ・ワシントン——犬（複数）、牡馬（複数）、オウム１羽
- ジョン・クインシー・アダムズ——ラファイエット侯爵から贈られたワニ１匹
- マーティン・ヴァン・ビューレン——オマーン国王から贈られた子トラ（複数）
- ジェームズ・ブキャナン——シャム王から贈られた象（複数）、白頭ワシ２羽
- ウィリアム・タフト——牛１頭
- ウッドロウ・ウィルソン——羊（複数）と、タバコをかむのが好きだった雄羊１頭
- ジョン・F・ケネディ——犬（複数）、猫（複数）、ポニー１頭、カナリア１羽、ハムスター（複数）、ウサギ１匹、馬１頭
- ウィリアム・ジェファーソン・クリントン——犬１匹、ベストセラー作家になった猫１匹
- ジョージ・W・ブッシュ——犬２匹、猫１匹

西棟の幽霊

WHでは数多くの住人や訪問者が、幽霊に遭遇しています。例をあげると、

- 屋根裏部屋で話すハリソン大統領の幽霊
- 昔使っていた寝室（彼の名前を冠した寝室ではなく、実際に使っていた寝室）の近くをさまよう、リンカーン大統領の霊
- 差し伸べた両腕に何かを抱え、あるいは洗濯物を手で洗っているかのようなしぐさをしながら、廊下を歩くアビゲイル・アダムズ大統領夫人の幽霊
- FFの寝室に出没するアンドリュー・ジャクソン大統領の幽霊

- 地下室に現れる黒猫の霊（暗殺や株価の暴落など、大惨事が発生する直前にもっともよく目撃される）
- ローズ・ガーデンに現れる、ドリー・マディソン大統領夫人の幽霊

ホワイトハウスの庭園

- 敷地内で最高樹齢を誇る2本の樹木は、大統領就任を目前に亡くなった妻を悼み、1829年から1837年の間に、アンドリュー・ジャクソン大統領が植えた2本のタイサンボクです。
- さまざまな式典が執り行われるローズ・ガーデンのバラが最初に植えられたのは、1913年のことでした。
- 敷地内では、リンゴの木が育ち、ブドウが茂っています。
- メイン・ポルチコのすぐそばに「ある子どもたちの庭」の木々は、レディ・バード・ジョンソンによって植えられました。
- 多くの大統領が、WHの敷地に木を植えています。植樹に最適な季節は晩秋です。現在では36本もの「大統領の木」が植わっています。

大統領に不可欠な知識

新しい家具を手に入れるには

WH家具の寄贈を受け付け、新しい家具の注文を行う権限を持つ国立公園局の責任者に連絡します。

- 室内の装飾は、好きなだけいじってかまいません。新たに赴任してくるFFにはそれぞれ、独自のスタイルや好みがあるものです。ですから、越して来た家族が、新色のペンキやカーテン、カーペット、その他の変更を要請することは、よくあることなのです。

- 以前は、こうした費用はほとんど、個人による寄付によってまかなわれていました。家具に関する規定は、*合衆国法典第110条——『WHに置かれた大統領官邸の家具』*——にまとめられています。
  「WHに置かれた大統領官邸で使用する目的で購入されたすべての家具は、できる限り、国内で製造されたものにする。大統領官邸において、英領植民地時代の家具および調度品の最高の試料を保存し、官邸の内観と当初からのデザインとの調和を保つため、国立公園局の責任者は、大統領の同意を得て、大統領官邸で使用する目的で、家具や調度品の寄贈を受け付けるように指示され、また、その権限を与えられている。こうして寄贈された品物は、名実ともにアメリカ合衆国の所有物と見なされる」

よくある質問

医師の診察が必要になったら?

WHの機構内のさまざまなオフィスが連携し、あなたとFFが良好な健康状態を維持できるようにしています。

- 大統領専属の医務局（Office of the Physician）は、あなたやFFに対し、全世界で緊急医療サービスを提供し、定期的な総合医療ケアを行います。
- SSとWH 軍事局と連携して、OPは他に例を見ない世界規模の医療情報を収集し、また必要に応じて、緊急危機管理計画を策定し、人命救助のための介入を行います。
- OPはFFのほか、診察を希望するWHの賓客の治療を行います。
- WHの地階には、医療設備が完備した診療所があります。
- あなたの医療費と、精神科医による診療費は、連邦政府が負担します。

駐車場はどこですか?

保安上の理由から、人里離れた大統領所有の農場や別荘の敷地内を除き、あなたが自分で車を運転することは許されていません。

- このルールは大統領の配偶者にも適用されます。ファースト・チルドレン（大統領の子どもたち）は、自分の警護を担当するSSエージェントと連絡を絶やさないようにするという条件つきで、車の運転を許可されています。
- 西棟の後ろにある専用スペースに、自家用車を３台まで駐車することができます。自分の車で外出する際は、事前にSSに通知しておかなければなりません。一度、ジェラルド・フォード大統領の娘、スーザンは、敷地内に入る車を通すためにWHのゲートが開いたすきに、猛スピードで自分の車を発進させ、外に出てしまったことがあります。彼女があっという間に姿を消してしまったため、その所在を常に把握し、付き添っていなければならないはずのSSエージェントたちは、すっかり狼狽してしまいました。

切手や現金はどこで入手できるでしょう?

自分のATMカードを使い、１日24時間、WHの地階にあるWH信用組合の自動支払機から、現金を引き出すことができます。

- 同じく地階にあるWH郵便局の切手販売機で、切手を購入することができます。

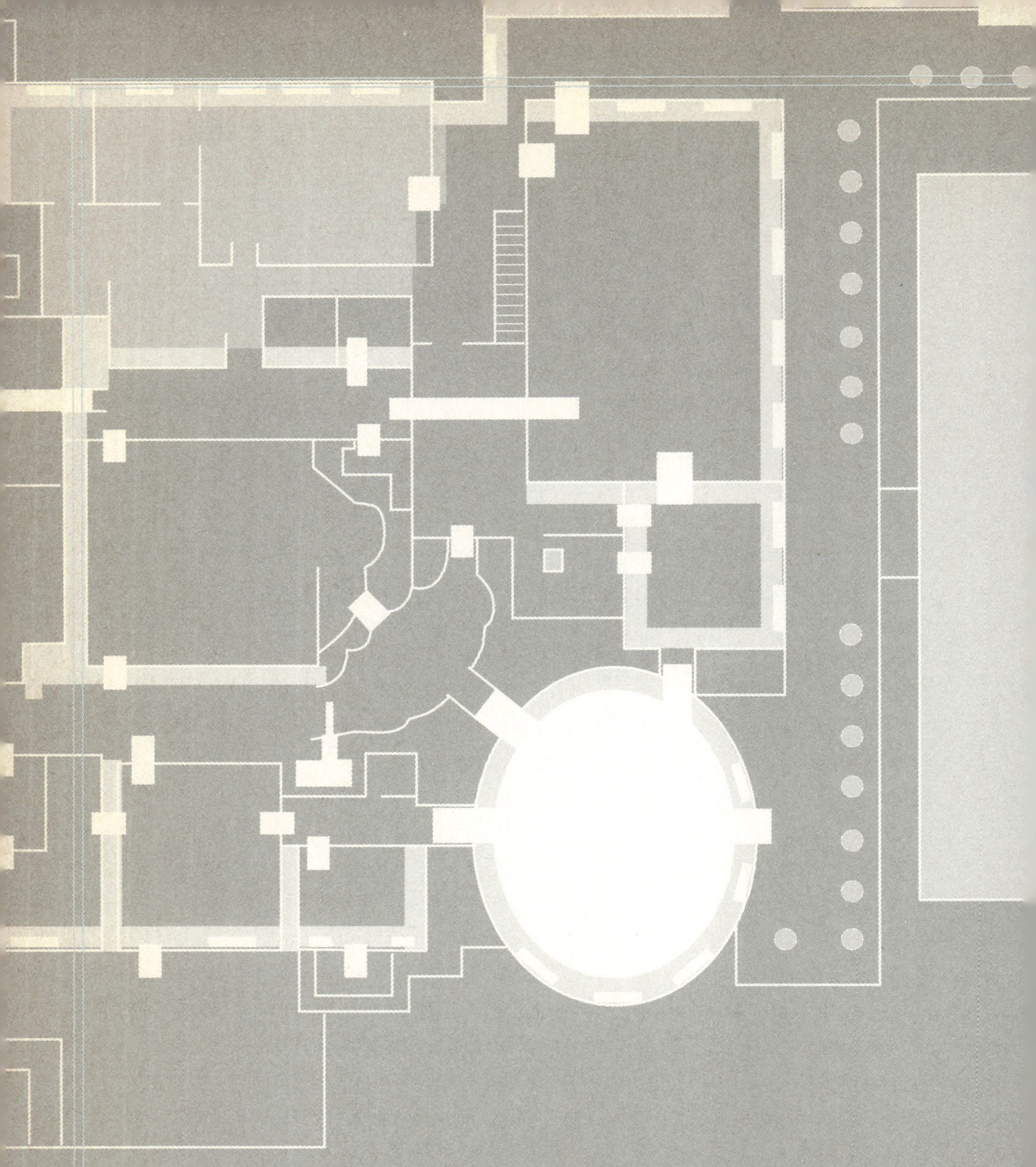

西棟——オーバル・オフィス

第2章

仕事にとりかかる——毎日の仕事

大統領職はしばしば、世界でもっとも難しい仕事だと言われます。ですが、他のどの仕事とも同じで、基本的な職務だけに絞れば、十分対処は可能なのです。オーバル・オフィスは、あなたが仕事をし、遊び、戦略を練り、軽食をとり、考えをめぐらせ、休憩をとり、いたずら書きをし、文章を組み立てる場所であり、他のオフィスと何ら変わりはありません。大統領であることの素晴らしさは、どの職務を毎日何時に遂行しなさいと、誰もあなたに指図できないことにあります。オーバル・オフィスで仕事を始めるにあたって、あなたが最高責任者であること、そして、自分のスケジュールは自分で決められるのだということを覚えておいてください。もちろん、この仕事には歴史があり、あなたが尊重し、堅持しなければならない一定のしきたりはあります。ですが、大統領職に対して敬意を払わなければならないからといって、執務室であなたらしさを発揮してはいけないわけではありません。もっとも能力を発揮した大統領は常に、タスクを実行する権限を上手に委譲し、スタッフを信頼して、仕事が確実に遂行されるようにしていました。あらゆる義務をすべて１人で背負うことができる大統領などありえません。あなたには何千人ものスタッフと、何億ドルもの予算があるのですから、ぜひ手元にいる専門家を活用しましょう。

大統領に不可欠な知識

オーバル・オフィス

オーバル・オフィスは、あなたが他の国家の元首や外交官、その他の要人などと協議を行う場所であり、国民への大統領演説もここから放送されます。この部屋は1909年に建造され、1934年にローズ・ガーデンを見晴らせる西棟内の現在の場所に移設されました。室内の他の人々全員から等距離になる、部屋の中心となる位置を大統領が占められるように、この部屋は楕円形になっています。

オーバル・オフィス

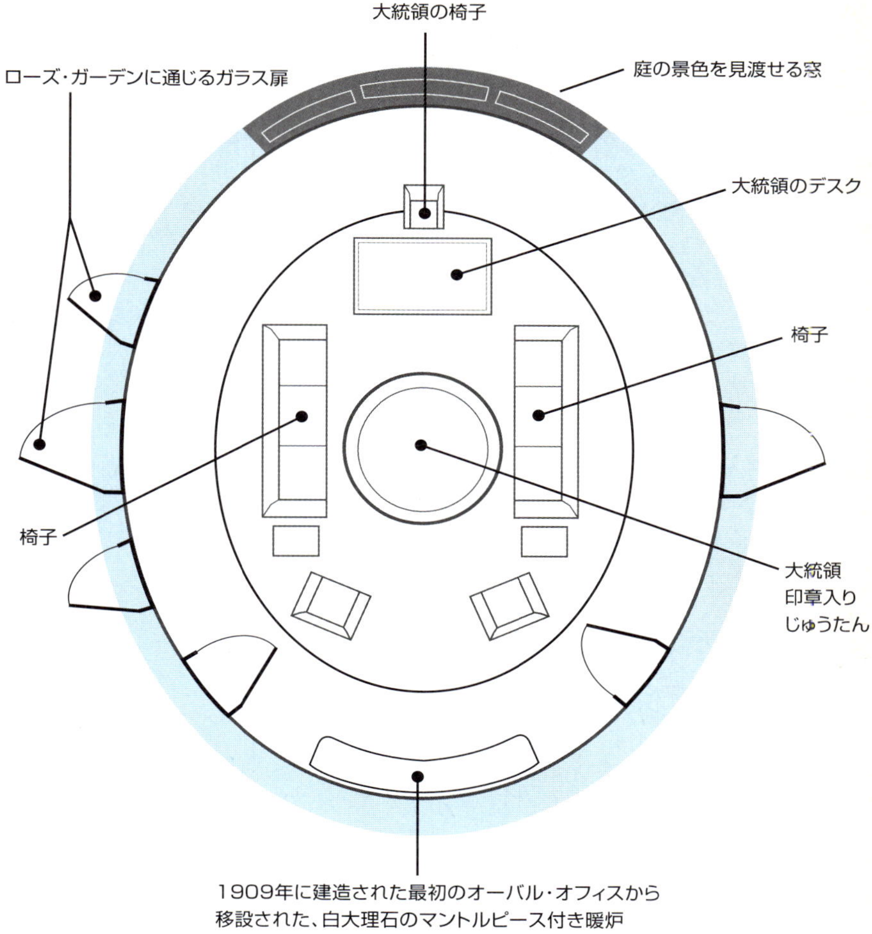
大統領の椅子
ローズ・ガーデンに通じるガラス扉
庭の景色を見渡せる窓
大統領のデスク
椅子
椅子
大統領
印章入り
じゅうたん
1909年に建造された最初のオーバル・オフィスから
移設された、白大理石のマントルピース付き暖炉

- オーバル・オフィスの扉は4つあります。それぞれ、廊下（通路2）、秘書のエリア、ローズ・ガーデンのパティオ、大統領書斎に通じています。西棟唯一の大統領専用バスルームには、オーバル・オフィスのわきにある書斎から入ることができます。
- オーバル・オフィスは、SSやスタッフのメンバーによる非常に厳重な警備下にあります。大統領の配偶者も含め、何人も、予告なしにオーバル・オフィスに入室することはできません。

1　階

主な部屋

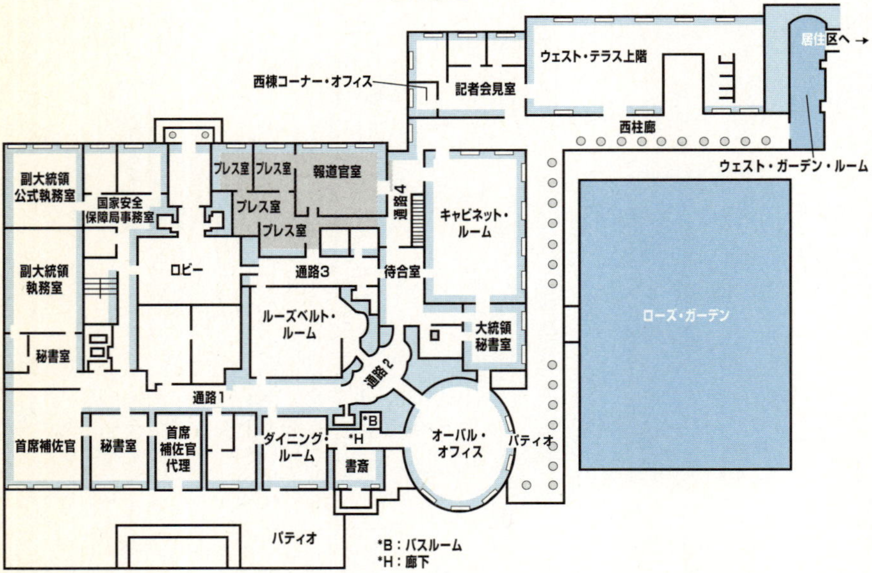

西棟

- 西棟は1902年、WHで生活する大所帯にもっと広いスペースを確保したいと考えたセオドア・ルーズベルト大統領により、臨時オフィスとして建設されました。1850年代に造られた温室を取り壊して、代わりにその場所に建てられたのです。
- 西棟には今でも大統領執務棟がおかれています。オーバル・オフィス、副大統領をはじめとする大統領の幹部スタッフの執務室、キャビネット・ルーム、ルーズベルト・ルーム、ジェームズ・S・ブレイディ記者会見室があります。
- 大統領の執務室は、もともとは長方形でした。
- オーバル・オフィスは、1909年にウィリアム・ハワード・タフト大統領によって造られました。
- 1929年の火災の後、西棟にはエアコンが設置されました。
- フランクリン・ルーズベルト大統領は、ルーズベルト・ルームをフィッシュ・ルームと呼び、水槽を陳列し、釣りに関する思い出や記念の品々を展示していました。
- フランクリン・ルーズベルト大統領は、1934年に西棟を拡張して、水泳プールを造りました。
- リチャード・ニクソン大統領は在任中、水泳プールを記者会見室に改造しました。
- キャビネット・ルームは、オーバル・オフィスと記者会見室の間にあり、ローズ・ガーデンを見晴らせるようになっています。中には、マホガニーの会議テーブルと、そこに座る閣僚の名前を記した真鍮のネームプレートつきの革張り椅子がおかれています。
- 大統領は、天気がよいとしばしば、円柱が並び、タイルが敷き詰められたパティオでくつろぎます。

オーバル・オフィスのデスク

ラザフォード・B・ヘイズ以降の歴代大統領ほぼ全員が（リンドン・ベインズ・ジョンソン、リチャード・M・ニクソン、ジェラルド・R・フォード大統領を除く）、このデスクを使用しました。

このデスクは、1854年にグリーンランド近くで難破し、氷に阻まれて身動きがとれなくなった英国の*レゾリュート北極方面*救助艇の建材で、このデスクは作られました。ついに氷が割れて自由の身になった、この船は無人で1000マイル（注：1マイルは1609メートル）以上も漂流した後、ジョージ・ヘンリー号という米国籍の船に発見されて、コネチカット州に曳航されました。レゾリュートは後に米英両国の親善の証として英国に返還され、以後20年間、英国海軍で任務に就いていました。

レゾリュートが退役すると、ビクトリア女王は、その建材を利用して、アメリカ合衆国大統領のデスクを作ることにしたのです。1300ポンド（注：1ポンドは0.4536キロ）もの重さがあるこのデスクは、1880年11月に、ラザフォード・B・ヘイズ大統領のもとに届けられました。

以来、２人の大統領によって、このデスクには手が加えられています。フランクリン・D・ルーズベルト大統領は、デスクに大統領印章をつけました。また、ロナルド・レーガン大統領は、６フィート２インチ（注：約185センチ）の大きな身体に合うようにと、2インチ（注：約５センチ）の台の上にデスクをのせました。また、ジミー・カーター大統領が返還を求めるまでの10年間は、スミソニアン大学で展示されていました。

もちろん、WHのコレクションの中からどれか別のデスクを選んで、オーバル・オフィスで使ってもかまいません。

大統領に不可欠な知識

椅子を手に入れるには

あなたはどれでも、好きな椅子を選んで使うことができますが、最近在任していた９人以上のアメリカ合衆国大統領は、オーバル・オフィスにあるガンロックブランドの椅子を使っていました。

- このモデルは1961年、ジョン・F・ケネディ大統領の背中の痛みを緩和するために、かかりつけの医師の協力でデザインされたものです。
- 椅子の背に沿って並んでいる11ゲージのスチール製のスプリングによって、しなやかなサスペンションが実現されています。座面には、たるみの出ないフォームが使われており、スプリングの土台の上には硬いフォーム入りの背もたれがのっています。内側の無垢の楓材のフレームは、耐久性を高めるため、合い釘で二重に接合されており、コーナーには角材が使用され、ねじ釘で固定されています。また、きめのこまかい、やわらかい黒い革が張られています。

じゅうたんを入手するには

そうなった理由もはっきりとはわからず、文書による記録もきちんと残ってはいませんが、知識豊富なWHの職員の助けを得て、大統領が自分専用のオーバル・オフィスのじゅうたんをデザインするのがしきたりになっています。多くの大統領は、何パターンかある大統領印章の１つを選び、じゅうたんを作ります。オーバル・オフィスを改装した場合は、それに調和する配色計画を採用するようにします。

- じゅうたんは100％ウールで、民間企業に委託して作ります。スタッフの監督の下、製作されたじゅうたんは、任期を通してオーバル・オフィスに敷かれることになります。

大統領が使うペン

- 伝統的に、大統領が条約や法案に署名する際には、パーカーのペンが使われてきました。大統領は、何部にもおよぶ法案の写しや、種々の異なるセクションからなる１つの文書に、15種類ものペンを使ってサインをすることもあります。
- 使用されたペンは、立法者や外交官などに、その貢献に対する褒美として贈られます。

大統領の勤務時間

大統領は、時間の長短に拘わらず、自分で必要と考えるだけ働けばいいとされています。起きている時間はずっと仕事で忙しくしていた大統領もいれば、休憩をとり、多少なりとも普通の家庭生活を維持しようと努力した大統領もいました。

- ロナルド・レーガン大統領は、日中に昼寝をすることで有名でした。
- ジョージ・H・W・ブッシュ大統領は、通常、オーバル・オフィスに午前７時に入り、日中に２時間、運動するための休憩をとり、夕方前には執務室を出るようにしています。

- 一方、ビル・クリントン大統領は、朝から晩まで1日中働きつづけ、早朝2時か3時頃まで、居住区からも仕事の電話をかけまくることで知られていました。

公式の職務内容記述書

憲法に明記されている職務は、最高行政官と最高司令官としての仕事だけですが、大統領は前例となる法的判断や、国民の信任による執行権に基づいて、他の職務も担っています。

大統領の職務には以下が含まれます。

- 最高行政官である大統領は、連邦法、条約、連邦裁判所の裁定を執行し、連邦政府の政策を展開するほか、国家予算を作成し、連邦政府の職員を任命します。
- 最高司令官として、国防を指揮し、核兵器使用の是非を決断します。
- 外交政策の指揮官として、米国と他の国家との関係を決定し、大使を任命し、条約を締結します。
- 立法上の指導者として、法案を提言し、議会通過を勝ち取る努力をします。
- 所属する政党の長として、国内外の問題に関する政党の見解を決定します。
- 国民の指導者として、国家の目標達成に邁進できるよう、国民を鼓舞します。
- 国家の元首として、さまざまな式典や儀式を執り行います。

大統領の情報入手方法

大統領のもとには情報が殺到します。すべての情報を精査し、大統領に伝えるか、適任の人材にまわして対処させるか判断する、情報・フィルターリング・システムが考案されています。

- **レベル5**：大統領とコミュニケーションをとりたいと望む、米国全土の一般市民。
- **レベル4**：スタッフ・セクレタリー（Staff Secretaries）、そして大統領の個人的な友人や政治家、大統領に伝達されるべき情報を受ける立場にあるその他の重要な人々が使用する、大統領の「個人郵便番号」宛に配達される郵便。
- **レベル3**：大統領の私設秘書（President's Personal Secretary）、補佐官（Aide）、大統領通信室（Office of Presidential Correspondence）
- **レベル2**：（オーバル・オフィスの「裏口」の外にある）オーバル・オフィス・オペレーションズの責任者（Director of Oval Office Operations）。この人物の仕事は、オーバル・オフィスに来るあらゆる書類のフィルタリング、オーバル・オフィスに入室する人全員の監視・記録（大統領の配偶者でさえ、オーバル・オフィスに入室するにはこの人の許可を必要とします）、あらゆる電話通話の審査です。この人がもっともよく使う言葉は「ノー」。
- **レベル1**：オーバル・オフィス。デスクに座っている大統領。

大統領の情報入手方法

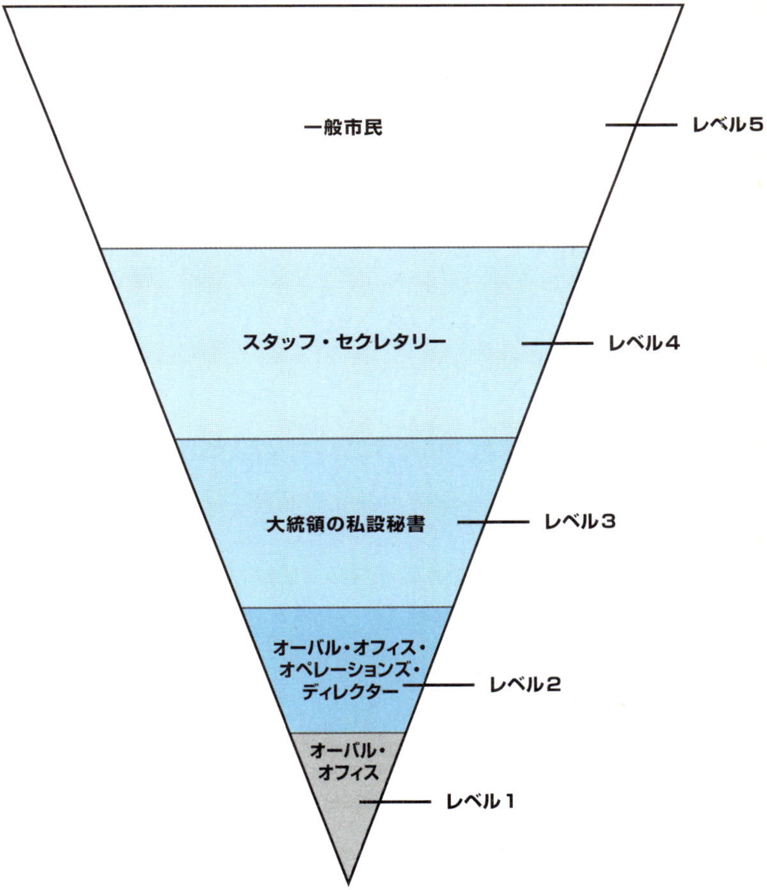
一般市民
レベル5
スタッフ・セクレタリー
レベル4
大統領の私設秘書
レベル3
オーバル・オフィス・
オペレーションズ・
ディレクター
レベル2
オーバル・
オフィス
レベル1

日例報告

大統領の1日の最初の仕事は、大統領日例報告を聞くこと（Presidential Daily Briefing）です。首席補佐官、国家安全保障問題担当補佐官、場合によっては国務長官、中央情報局（CIA）長官またはその代理が集まり、早朝（午前7時以降になることはありません）開かれます。

- このミーティングでは、新たな脅威や噂、世界中に配置された諜報員が収集した情報を報告し、大統領の注意を喚起します。
- さらに、CIAは毎晩、大統領日報（President's Daily Brief）と呼ばれる10～12ページの文書を作成します。この3穴のルーズリーフ型ノートの表紙には、「President's Daily Brief」の3語が、エンボス加工の金文字で入っており、過去24時間に発生した重要な情報をすべて網羅しています。
- ノートに簡潔にまとめられた報告では、テロの脅威、世界各国の指導者の健康問題、経済危機、その他の重要なニュースがカバーされます。
- 通常、CIA長官や、国家安全保障問題担当補佐官をはじめとするスタッフ数人が午前8時からの会議に出席し、この文書について話し合います。
- 大統領日報の内容を知る人は10人前後しかいません。また、CIAのエージェントは、会議終了後、日報のコピーを全て回収し、バージニア州ラングレーのCIA本部に返却します。

よくある質問

郵便物はどうやって受け取るのでしょう?

大統領は、国民や友人、商業組織から、毎年500万前後の手紙を受け取ります。電子メールも100万通近く届きます。

- スタッフが、手紙や電子メールすべてに目を通して審査します。通信の安全性が確保できないため、個人の電子メールアカウントを持つことは推奨されません。
- 個人的な通信を受け取る手立てはあります。米国郵政公社は、どこの誰にも使われていない、大統領専用の郵便番号を割り当てます。この郵便番号宛の手紙は、すべてあなたのオフィスに直接配達されます。
- あなた宛の郵便物はすべて、秘書が開封します。
- 家族や友人からの個人的な手紙はまとめてあなたに手渡されます。それ以外の手紙の内容は要約され、必要に応じてあなたに伝えられます。

電話を受発信するにはどうしたらいいでしょう?

あなたへの電話はすべて、スタッフによって選別されます。スタッフはまた、あなた宛にかかってきた電話も、あなたがかける電話も、すべて記録に残します。あなたがかける電話はすべて、秘書がダイアルします。

- 個人的な電話は、個人用の専用番号で受けることができます。
- あなた宛の一般市民からの電話は、ホワイトハウス・コメント・ライン(202) 456-1111にまわされます。この回線には、100人を超えるボランティアと、有給の職員が配置されています。
- 毎週、あなたは自分宛にかかってきた何千本もの電話の内容を要約した報告書を受け取ります。社会保障給付小切手を紛失した人、死にたい気分に苛まれている人など、さまざまな悩みを抱えた人々から電話がかかってきます。
- 大統領自身が、一般市民からかかってきた電話を返すことはめったにありません。スタッフがその人に電話か手紙で、解決方法を提案するか、連絡をくれたことに対して感謝の意を表すなどします。

- あなたへのアクセスが与えられるべき人をリストにして、秘書に渡せば、その人たちからの電話は、あなたのオフィスに直接転送されるようになります。そうしない限り、あなたが電話に出られるかどうかは、スタッフが判断します――主として秘書が決めることになりますが、首席補佐官やその他のスタッフが決めることもあります。

よくある質問

情報を入手するにはどうしたらいいのでしょう?

ホワイトハウス通信局（White House Communications Agency=WHCA）では、大多数のテレビニュース番組を録画しており、あなたやスタッフの要請に応じて、テープを提供します。

- WHの大部分のオフィスには、こうした編集済みのニュースを観られるようにテレビが設置してあります。
- さらに、スタッフが、新聞、雑誌、その他の情報源から集めたその日のニュースを要約して、あなたに渡します。
- 必要に応じて、中央情報局（CIA）、連邦捜査局（FBI）、国家安全保障局からも、情報の報告を受けます。
- 大統領は無料で、国内外の新聞や雑誌を購読することができます。また、スタッフに頼んで、ブラウザに、有用なニュースサイトをブックマークしてもらうことも可能です。

大統領に不可欠な知識

「核のフットボール」（Nuclear Football）

手首に手錠で「核のフットボール」をくくりつけた軍の将校１名（この任務は陸軍、海軍、海兵隊の三軍で持ち回りになっています）が、常時大統領に随行します。大統領が世界のどこにいようと手元から２～３フィート以上離してはならないこのツールは、国家防衛の要であり、地球生命の将来に影響を及ぼす可能性があります。

- 「核のフットボール」を扱う将校（所属している軍によって、それぞれ陸軍中佐（Lieutenant Colonel）、海軍中佐（Naval Commander）、海兵隊少佐（Marine Major）の階級にあります）は全員、最高度の保全許可認定審査をクリアしなければなりません。「ヤンキー・ホワイト」として知られるこのレベルの保全許可に合格するには、アメリカ合衆国の公民権、国家に対する絶対的な忠誠心、将校自身やその家族、親しい友人たちが外国の影響下にないことが条件となります。従って、外国人と結婚したアメリカ国民がこの任務につく可能性は薄いといえます。

重さ45ポンドのブリーフケース

- 45ポンドの重さがあるこのブリーフケースがあれば、軍事的脅威に核兵器で応戦することが可能になります。国家安全保障局が毎朝、ブリーフケースを稼働させる１組の新しいコードを発行します。

傍受不可能な衛星無線機

- コードは、財布の中に保管してもいいですし、ある大統領がしたように、輪ゴムでクレジットカードのまわりに巻きつけておいてもいいでしょう。（クリントン大統領のように、コードをスーツのポケットの中に入れたまま、うっかりクリーニング屋に出してしまうような行動は賢明とはいえませんが。）
- ゴールド・コード（Gold Codes）として知られるコードに加えて、ブリーフケースには、傍受不可能な衛星無線機（Secure Satellite Radio）と、大統領の決断マニュアル（President's Decision Book）が入っています。大統領の決断書には、75ページにわたり、大規模攻撃オプション（Major Attack Options = MAOs)、選択攻撃オプション（Selected Attack Options = SAOs)、限定攻撃オプション（Limited Attack Options = LAOs）の各核攻撃オプションが説明されています。

大統領の決断マニュアル

- 核や通常兵器による脅威に対抗する際、警戒下での起動（Launch on Warning= LOW）か、攻撃下での起動（Launch Under Attack= LUA）のいずれかのモードで作動させるとができます。

大統領に不可欠な知識

迅速に脱出するには

WHが攻撃された場合、または他の緊急事態が発生した場合はすぐ、一番手近にいるSSエージェントに指示を仰いでください。エージェントがしっかりとあなたの肩をつかみ、適切な場所に誘導してくれるはずです。

- SSエージェントたちは、他の誰よりも先に（FFも例外ではありません）大統領を助けるという指示のもとに動いていますので、反論したり、彼らの行動を妨げたりしないでください。

- 状況に応じて、WHの地階にある強化バンカーか、WHのトンネルからアクセスできる、オールド・エグゼクティブ・オフィス・ビルなどの近隣の建物に設置された緊急避難場所に誘導されることになるでしょう。国家安全保障上の理由により、これらの場所は緊急事態が発生しない限り、大統領にさえ明かされることはありません。
- WHからこうした非公開（機密扱い）の防護シェルターへは、ヘリコプターや車などを使用し、短時間で到達することができます。避難場所は、軍事基地内や、エアフォースワンでアクセス可能な国内の他の場所にも設けられています。エアフォースワンの機体自体も、核攻撃による放射性降下物をはじめ、各種攻撃に耐えられるように設計されており、もっとも防御の固い高度な通信機器が装備されています。
- 危険が増した場合、高位の官僚たちによって構成される「影」の政府がワシントンDC地域の安全な掩蔽壕《えんぺいごう》から、国の運営を行います。掩蔽壕《えんぺいごう》には、発電機やコンピューター、電話、水、食糧が備えてあり、緊急事態が発生した際、大統領はこの施設を利用することができます。リスクが消滅したとSSが判断すれば、大統領は即刻、WHに戻ります。

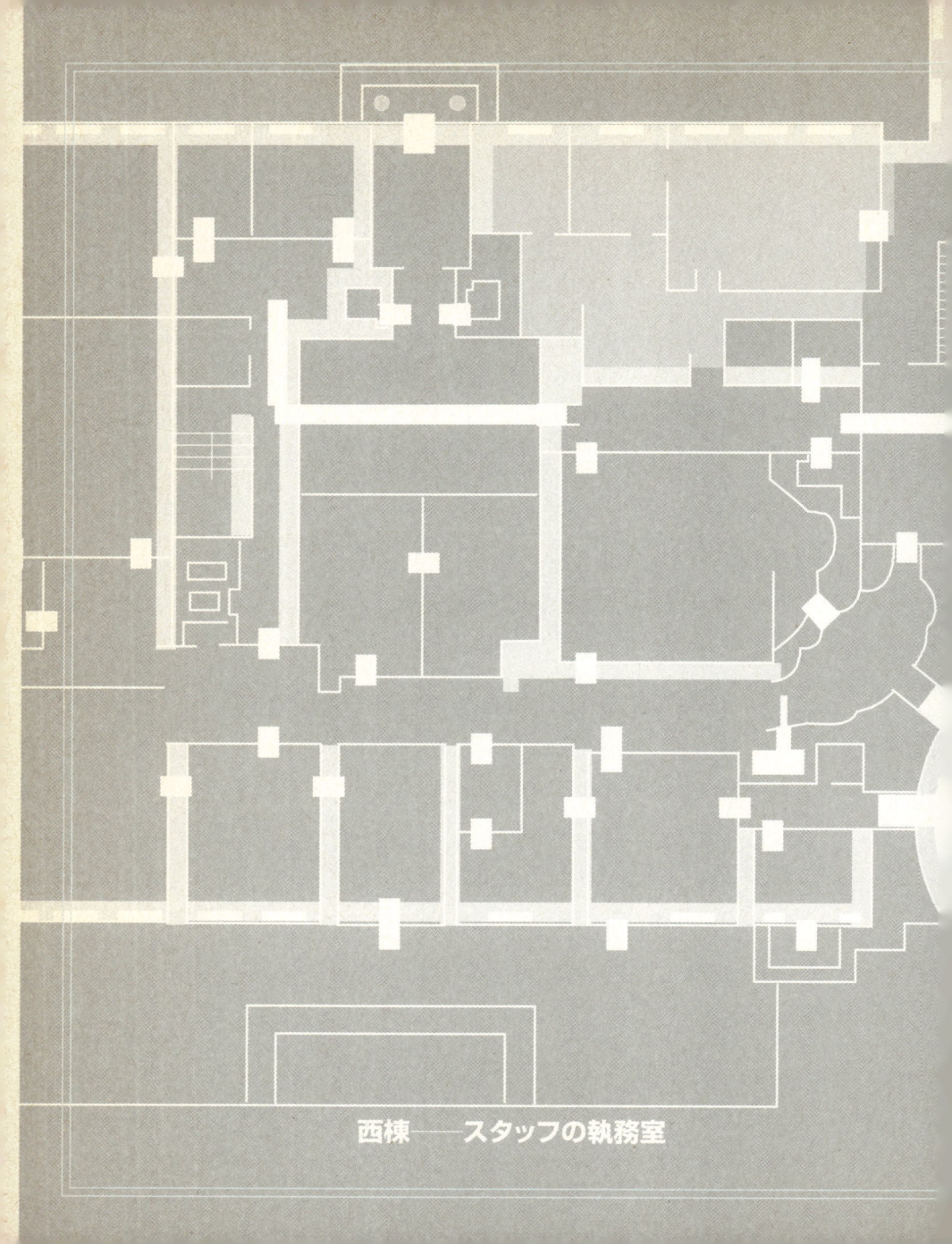

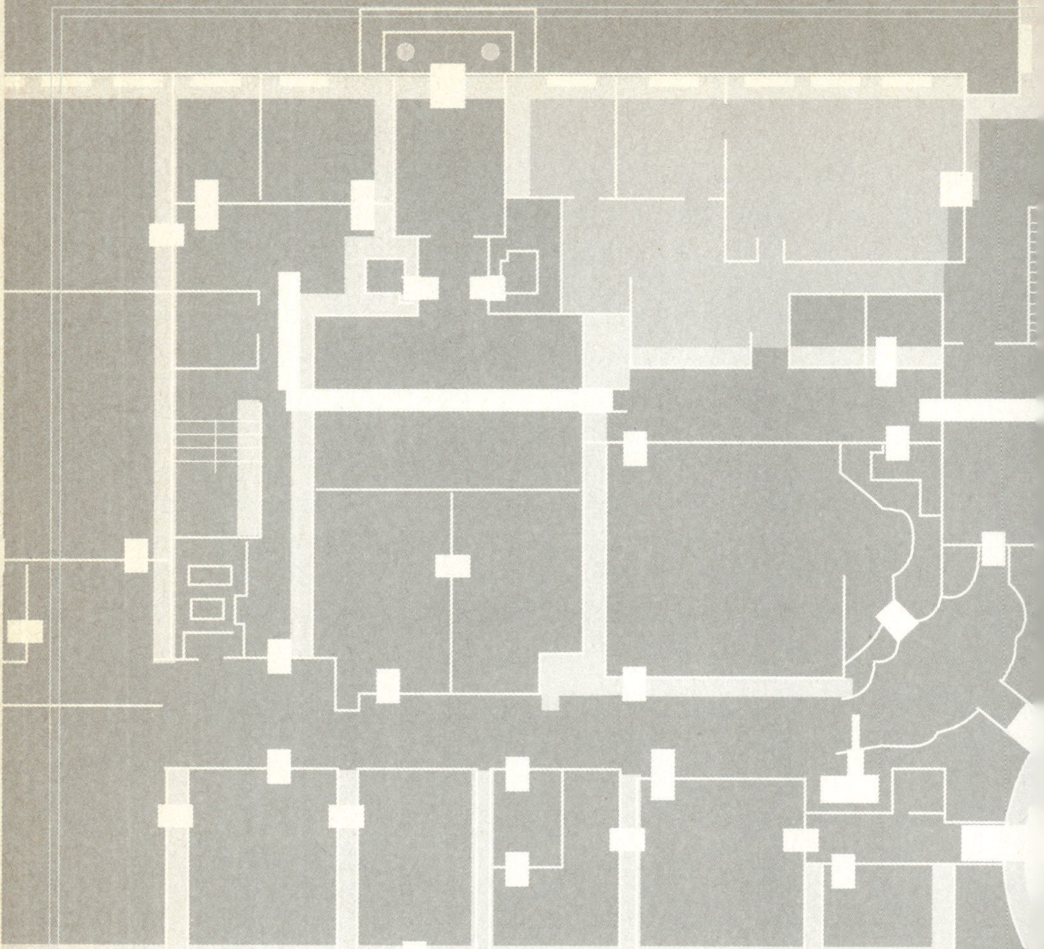

西棟——スタッフの執務室

第3章

スタッフを知る——人々とその立場

大統領職は、あなたが今まで経験したことがない仕事です。ですから、休養と、執務のバランスをとることが非常に重要になります。幸いなことに、オーバル・オフィスは休息の場である官邸（Executive Residence）から歩いてすぐ行けるので、国を運営する仕事をするのに最高のコンディションを維持することは簡単です。大統領には標準的な１日などというものはありません。英国の首相との会談を中断して、中東の軍最高司令官からの電話に出なければならないこともあるでしょう。あるいは、労働争議を解決するために、オハイオ州トレドに飛行機で飛ぶことになり、官邸に大統領の配偶者と過ごす時間を切り上げざるを得ないかもしれません。大統領は、いかなる緊急事態にも対応できるように心構えをしておかなければならないのです。日常的な仕事の処理は、たいてい昼食の前か直後には終わるので、午後は運動をしたり、個人的な用件でかかってきた電話に返事をしたり、古い友人たちを訪ねたり、夜に備えて気分をリラックスさせたりするのには絶好の時間です。（もちろん、世界で起こっているさまざまな出来事が、自分の時間をとることを許してくれればの話です。）アメリカ合衆国大統領の生活とはこういうものなのです。

スタッフを知る

新任の大統領は、アメリカ全土のオフィスで勤務する6000人以上のスタッフを雇用します。それ以外に、年々政権から政権へと引き継がれる行政府の職員もいます。

- WH職員のほとんどが、西棟からさほど遠くないところにある、オールド・エグゼクティブ・オフィス・ビル（Old Executive Office Building = OEOB）内の広々として設備の整ったオフィスで働いています。
- 西棟にあるオフィスはたいてい、小さくて窓もありません。しかし、大部分の職員は、OEOBの立派な部屋にいるより、窮屈ではあっても大統領のすぐ近くにいるほうをとります。スタッフは、大統領が廊下を通りかかるたびに、さっと立ち上がります。大統領の中心的なスタッフは以下の部署によって構成されています。

首席補佐官室（Office of the Chief of Staff）

首席補佐官はWHで起こっているありとあらゆる事柄を監視します。首席補佐官の上司は、大統領だけです。首席補佐官は大統領のスケジュールを管理し、誰をどの会議に召集するかを決め、大統領のオフィスを出入りする書類にすべて目を通し、大統領の出張に随行します。

スタッフ・セクレタリー室（Office of the Staff Secretary）

大統領に宛てられた文書は、極秘情報を除き、すべてこのオフィスを通ります。秘書は文書に目を通して、内容を大統領のために要約し、通信室（Correspondence Office）と記録管理室（Office of Records Management）を監督します。毎日、午前7時から午前1時まで、当番の秘書が1名勤務しています。

顧問室（Office of Counsel）

法律顧問は毎日WHで開かれる重要な会議に出席し、大統領のアクションや問題のいずれが、法的にマイナスの影響を及ぼすかを判断します。必要とあれば、顧問はそうした決断や問題を司法省に持ち込みます。

オフィス・オブ・スケジューリング（Office of Scheduling）

大統領の時間の半分以上は、大統領の参加が欠かせない情報報告（Intelligence Briefing）やスタッフ・ミーティング（Staff Meeting）などに費やされています。その上に、毎週約1000件ほども、時間をとってほしいという要請が来ます。面会・日程計画担当ディレクター（Director of Appointments and Scheduling）は、大統領が日々、生産的に過ごせるように計らっています。

アドバンス・オフィス（Advance Office）

アドバンス・オフィスは現地でのメディア出演、警備、交通手段、スケジューリングなどの出張の調整をすべて行います。

オーバル・オフィス・オペレーションズ（Oval Office Operations）

クリントン大統領時代に創設されたこの比較的新しい部署は、大統領の私設秘書（President's Personal Secretary）やその他の側近、大統領通信室（Office of Presidential Correspondence）を監督しています。オーバル・オフィス・オペレーションズのディレクター（Director of Oval Office Operations）は、オーバル・オフィスの入り口のすぐ外にあるデスクに座っています。

大統領通信室（Office of Presidential Correspondence）

何百人にものぼるこの部署のメンバーは、毎年大統領が受け取る何百万通もの手紙やファックス、電子メールに返事をしています。スタッフはその中から特に興味深いものを選び出し、大統領が目を通して、直接返事が書けるように計らいます。また、スタッフはあなたに代わり、誕生日や卒業式、イーグル・スカウト（Eagle Scout）(21個以上の技能賞を獲得したボーイスカウト）の表彰、結婚式などの重要な節目に人々に送る、大統領名のメッセージを作成します。

運営管理局（Office of Management and Administration）

このサポートオフィス（Support Office）は、軍事局（Military Office）(2200名の軍関係者が毎日、46000以上の最新鋭機器を駆使して、ホワイトハウスで仕事をしています)、管理局（Office of Administration)、インターンや出張、訪問者、写真関係を管理するホワイトハウス・オペレーションズ・セクション（White House Operations Section）を所轄しています。このオフィスでは、誰にどの執務室を割り当てるか、WH食堂（WH Mess）で誰が食事をとれるようにするか、誰にミニページャー（Minipager）などのツールを貸与するかを決定します。

官邸アッシャーズ・オフィス（Executive Residence Usher's Office）

このオフィスは、大統領一家の居住区で勤務し、その維持管理を行う92名の職員を管轄しています。このオフィスには、WHの公共エリアにいるFFの各員の所在を点滅によって知らせる、デジタルロケータボックス（Digital Locator Box）が装備されています。

エグゼクティブ・クラーク（Executive Clerk）

エグゼクティブ・クラークは、法令、拒否教書、大統領令、宣言書、恩赦令など、あなたが署名する公文書の原本すべてを扱っています。大統領からの封緘された通知書は、このオフィスから連邦議会の上院もしくは下院に送達されます。

ファースト・スパウス室（Office of the First Spouse）

ファースト・スパウス（大統領の配偶者）の補佐係長（Chief of Staff to the First Spouse）は、ファースト・レディーもしくはファースト・ジェントルマンに指示された予定の実行を担当します。

ホワイトハウス学芸員（White House Curator）

ホワイトハウス学芸員は、WHが収蔵する、14000件を超える歴史的価値がある家具、陶磁器、銀器、芸術品などの目録を作成・管理しています。

大統領顧問団（The Cabinet）

大統領顧問団とは、大統領の意向で召集され、機能する諮問委員会です。この慣習の起源は、ジョージ・ワシントン政権にさかのぼります。大統領顧問団は、連邦政府の15省の長、すなわち以下の省の長官によって構成されています。

- 農務省
- 司法省
- 商務省
- 国防総省
- 教育省
- エネルギー省
- 厚生省
- 国土安全保障省
- 住宅都市開発省
- 内務省
- 労働省
- 国務省
- 運輸省
- 財務省
- 復員軍人省

さらに、大部分の諮問委員会には以下の人々も入っています。

- 大統領首席補佐官
- CIA（中央情報局）長官
- 大統領経済諮問委員会（CEA）委員長
- 大統領顧問
- 環境保護局（EPA）長官
- 全米麻薬撲滅対策室（ONDCP）長
- 中小企業局（SBA）長
- 国連米国代表
- 米国通商代表
- 米国副大統領

諮問委員会の会議は、15分で終わる時もあれば、３時間以上に及ぶこともあります。席順は首席補佐官が決めますが、あなたが後ろの窓から入ってくる日差しを背にして、会議テーブルの長い方の端の中央に座るようにするといいでしょう。秩序正しく会議が進行され、諮問委員会によって提起された問題が即時にフォローアップされるよう、諮問委員会事務局長（Secretary of the Cabinet）を任命することもできます。参加者は、キャビネット・ルームの大きな会議テーブルに並べられた、座り心地のよい黒い革張りの椅子に着席します。ブラック・コーヒーと水は会議に欠かせません。また、あなたの裁量で、ペストリーやクッキーなどの軽食を出してもかまいません。

星条旗よ、永遠なれ

星条旗のデザインには、重要な象徴的意味が込められています。

- 赤：国家の防衛に流された血
- 青：国家への誇り
- 白：国家の清らかさ
- 13本の横線：独立当初の13州
- 50個の星：50州

大統領に不可欠な知識

統合参謀本部（JCS）の記章の見分け

最高司令官を務める大統領は時折、統合参謀本部のもとに結集された軍事的知識に頼ることになります。通常、JCSは（大統領の指揮のもと）、国の将軍級の軍人たちの中から選出された統合参謀本部議長と、統合参謀本部副議長によって率いられています。

- その他のメンバーは、陸軍参謀総長、海軍作戦部長、空軍参謀総長、海兵隊司令官です。
- 議長は、大統領、国防長官、国家安全保障会議（NSC）の主たる軍事顧問を務めます。

以下が、記章によってメンバーを見分ける方法です。

統合参謀本部

記　章

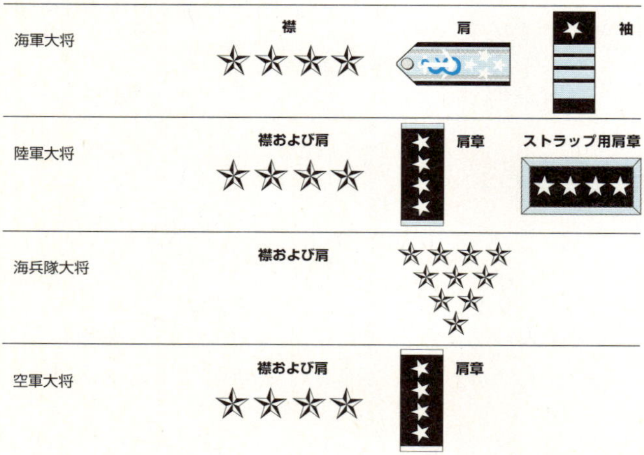

軍指揮系統フローチャート

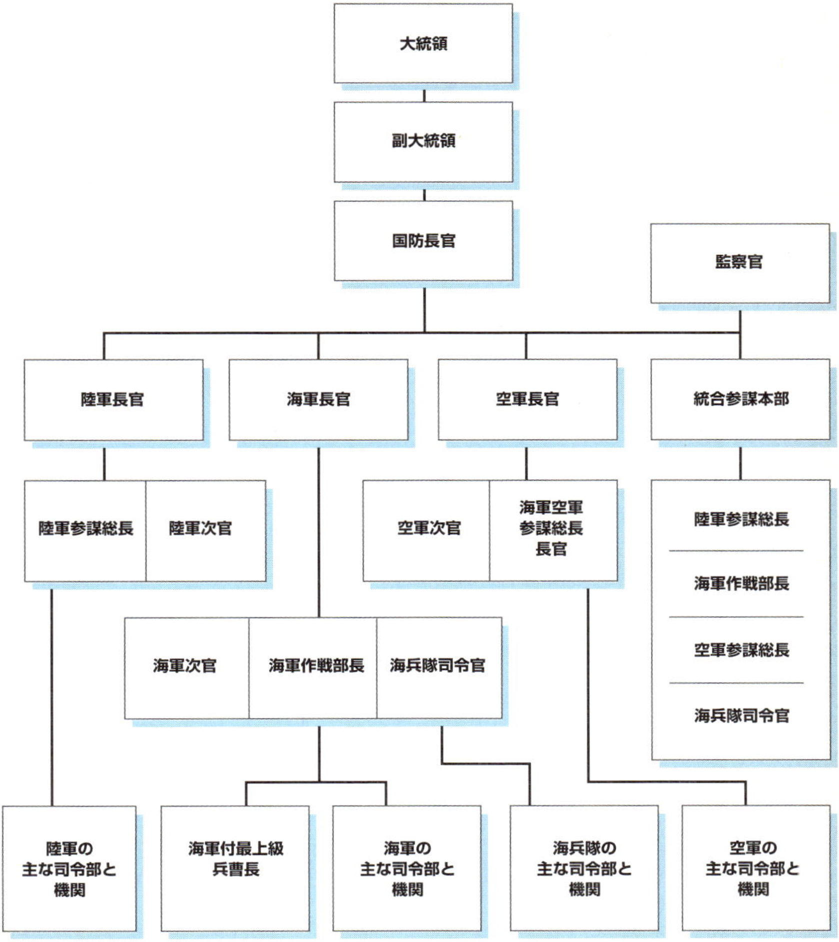

大統領
副大統領
国防長官
監察官
陸軍長官
海軍長官
空軍長官
統合参謀本部
陸軍参謀総長
陸軍次官
空軍次官
海軍空軍
参謀総長
長官
陸軍参謀総長
海軍作戦部長
空軍参謀総長
海兵隊司令官
海軍次官
海軍作戦部長
海兵隊司令官
陸軍の
主な司令部と
機関
海軍付最上級
兵曹長
海軍の
主な司令部と
機関
海兵隊の
主な司令部と
機関
空軍の
主な司令部と
機関

プラム・ブック（The Plum Book）

毎回、大統領選挙が終わるとすぐ、連邦人事管理局が、「合衆国政府と政策上の官職」(United States Government and Policy Positions）と題する刊行物を発行します。そう呼ばれるようになった理由は誰も覚えていないようですが、この刊行物は俗に「プラム・ブック」と呼ばれています。

- プラム・ブックは、連邦政府の行政府と立法府の7000件におよぶ求人を、肩書き、機関、採用の種類、給与水準の別に定義しています。
- この重要な刊行物は、インターネットからダウンロードすることもできます。

呼びかけ

公の場では、大統領の配偶者を含む誰もが、あなたのことを「サー(Sir)」、「ミスター・プレジデント（Mr. President)」、「マダム・プレジデント(Madam President)」、「ザ・プレジデント（The President)」と呼ばなければなりません。

大統領に不可欠な知識

名前の覚え方

- 人に会う時は、集中しましょう。必ず、相手の名前を聞き取るようにします。
- 初めて誰かに紹介された場合は、何度か名前を使って相手に話しかけてみるようにします。例えば、「こんにちは、ジュリア、お知りあいになれてうれしいです」、「お会いできてうれしいです、ジュリア」、「ジュリア、すてきなセーターですね」というように。

- 相手の名前を話題にしましょう。例えば、「スティーヴンのヴのつづりはphですか、それともveですか？」とか、「スージーと呼ばれるのと、スザンヌと呼ばれるのとどちらが好きですか？」と聞いてみるといいでしょう。
- 新しく知り合った人の名前の最初の１文字を、その人の紹介者の名前の最初の１文字と組み合わせます。イニシャルを組み合わせて覚えると、連想で名前が思い出せるかもしれません。
- 相手の名前が、有名人やあなたの親しい友人と同じだったら、彼らとその人を関連づけて覚えましょう。
- 誰かの名前を聞いたら、その名前がレターヘッドに表記された状態をイメージしてみましょう。頭の中で描いたイメージのほうが記憶に残るかもしれないからです。

ホワイトハウスのキッチン

- パティシエ１名を含む常勤シェフ５名と、約20名のパートタイム・スタッフを擁するホワイトハウスのキッチンは、大統領とFFの食事をすべて調理します。
- WHキッチンは公式晩餐会の調理を担当します。最大140名分の晩餐、オードブルなら1000名分以上を出すことができます。
- WHキッチンのスタッフは毎年、何千個もの卵に色をつけて、恒例のイースターエッグ狩りの準備をします。

よくある質問

軽食やおやつを食べたいときにはどうすればいいでしょう?

居住区や各オフィス、公のダイニングエリア、オーバル・オフィスのキッチンなど、WHにあるすべての冷蔵庫には、コカコーラ社やペプシコーラ社から提供された無料の炭酸飲料が常備されています。

- 大統領印章があしらわれた箱に入ったM&M's、その他の砂糖菓子、各種ポテトチップス、プレッツェルも、無償でWHに寄贈されています。これらのスナック菓子は、好きな時に好きなだけ、無料で食べることができます。
- 毎日午後5時になると、WHの食堂では、西棟で勤務する人々のためにフライドポテトを出します。金曜日には、フライドポテトに、砕いたオレオがトッピングされたフローズンヨーグルトが添えられています。
- 居住区にあなたが個人でストックしている、上記以外のスナック菓子については、自己負担になります。

ペンなどの事務消耗品を、居住区に持ち帰ってもかまいませんか?

大統領の仕事の大部分は、居住空間で行われるのですから、遠慮なく官邸に持ち帰ってください。

ホワイトハウス食堂(White House Mess)

WH食堂は、ホワイトハウスの地階にある食事施設で、一部の職員にも開放されています。

- 窓がなく、船舶の絵画が装飾されているWH食堂は、米国海軍によって運営されています。米国海軍は、大統領が世界中どこに行こうと、大統領のために食べ物を確保する責務を負っています。
- 食堂では現金の授受は行われず、代金はすべて個人勘定に課金されます。職員全員が勘定を持てるわけではないので、食事を勘定につける権利をめぐってかなりの立ち回りが演じられます。この権利を誰に付与するかを決定するのは、政府機関です。

- ただし政府機関の判断をあおがなくても伝統的には、ブルーの西棟アクセスパスを所持していている人は全員、WH食堂の個人勘定を持つ資格があるとされてきました。その他のタイプのパスを所持していても、幹部職員は通常、WH食堂の個人勘定を持っています。
- 個人勘定を持っていても、食堂内で食事をとることができるのは、一部の人だけです。それ以外の人は、テイクアウトしかできません。「イートイン」勘定の所有者は、外部の人を招いて、テーブルで一緒に食事をとることもできます。

出前をとる

テイクアウトをやっている地域のレストランの大部分は、WHにランチを配達してくれます。ペンシルバニア・アベニューNW1600番地の通用口まで配達してくれるようにしてもらいましょう。注文した食べ物が届くと、守衛が秘書に連絡し、あなたのデスクまで届くように手配してくれます。

- 60ページにリストアップされた施設は、WHのすぐ近くにあるおすすめのレストランです。あなたが選んだレストランは、SSによって入念に調査されます。詳しい手続きについては、警護特務部隊（Security Detail）に確認してください。

ワシントンDC中心部のテイクアウト・マップ

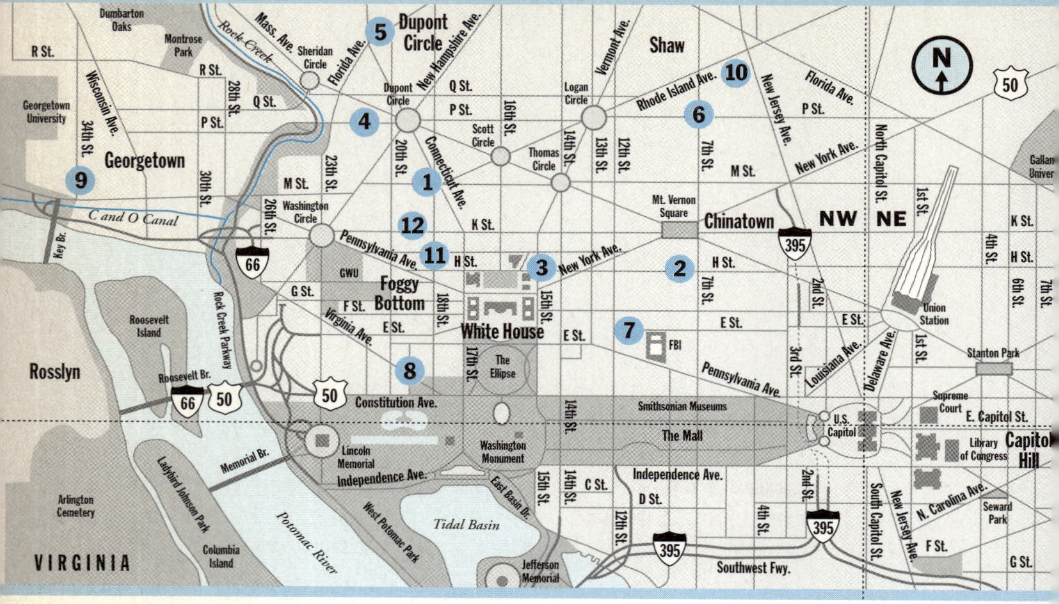

1. アクロポリス［**Acropolis**］
1337 Connecticut Ave. NW
Washington, D.C. 20036
電話 202-912-8444

2. アレックス・フィッシュ・マーケット［**Alex Fish Market**］
709 H St. NW
Washington, D.C. 20001
電話 202-544-1173

3. アメリカン・デリ［**American Deli**］
818 15th St. NW
Washington, D.C. 20005
電話 202-682-0811

4. ベドゥーチ・レストラン［**Beduci Restaurant**］
2100 P St. NW
Washington, D.C. 20037
電話 202-223-3824

5. ベスト・フーナン・レストラン［**Best Hunan Restaurant**］
2020 Florida Ave. NW
Washington, D.C. 20009
電話 202-986-1333

6. DCウィング・ハウス［**D.C. Wing House**］
1509 7th St. NW
Washington, D.C. 20001
電話 202-667-9461

7. ラ・バゲット［**La Baguette**］
901 E St. NW
Washington, D.C. 20004
電話 202-347-6500

8. パンダ［**Panda**］
1807 West Virginia Ave. NW
Washington, D.C. 20002
電話 202-526-8478

9. フィラデルフィア・ピッツァ・カンパニー［**Philadelphia Pizza Co.**］
1201 34th St. NW
Washington, D.C. 20007
電話 202-333-0100

10. ププツェリア・マリア［**Pupuceria Maria**］
2915 14th St. NW
Washington, D.C. 20001
電話 202-291-3400

11. サンドイッチ・ワールド・ショップ［**Sandwich World Shop**］
18001 I St. NW
Washington, D.C. 20006
電話 202-737-1340

12. スシ・エクスプレス［**Sushi Express**］
1900 K St. NW, Lobby 7
Washington, D.C. 20006
電話 202-682-0811

POTUSのスケジュール例

24:10 大統領、ボウリング場から3階にある住居に移動。
同伴者は、ジョージア州アトランタの[redacted]法律事務所で
パートナーを務める[redacted]氏であった。
24:30 大統領、就寝。
06:00 大統領、ホワイトハウスのオペレーターから
モーニングコールを受ける。
06:33 大統領、オーバル・オフィスに移動。
07:17〜07:20 大統領、ファースト・レディーと話す。
07:30〜08:30 大統領、副大統領、国務長官、国家安全保障
問題担当補佐官との朝食会に出席する。
08:30 大統領がオーバル・オフィスに戻る。
08:40〜08:55 大統領、ジョージア州アトランタ所在の
[redacted]法律事務所のパートナーである、[redacted]氏と会う。
09:20〜09:25 大統領、エネルギー省長官と会う。
09:25〜09:27 大統領、内政・政策担当補佐官と会う。
09:31 大統領、キャビネット・ルームに移動。
09:31〜09:36 大統領、議会の法案調印式に参加。
09:36 大統領、オーバル・オフィスに戻る。
09:40〜09:45 大統領、報道官と面会。
09:50〜10:00 大統領、鉱業における労働争議について
討議するため、労働長官、通商交渉特別代表、
チーフ・スピーチライターと会う。
10:00 大統領、ルーズベルト・ルームに戻る。
10:00〜10:30 大統領、労働争議について議論をかわすために、
業界要人と会合。
10:30 大統領、オーバル・オフィスに戻る。

11:15～11:20 大統領、労働争議のことで[redacted]と会う。

11:21～11:22 大統領、報道官と会う。

11:30～11:50 大統領、大統領経済諮問委員会委員長と会う。

11:53 大統領、3階の住居に戻る。

11:59 大統領、補佐官[redacted]と話す。

12:35 大統領、ファースト・レディーと[redacted]と昼食をとる。

13:12 大統領、オーバル・オフィスに戻る。

13:34～14:05 大統領、上院議員[redacted]と会う。会合の目的は、上院議員[redacted]の先般の中華人民共和国（PRC）訪問について話し合うこと。

14:05 大統領、ルーズベルト・ルームに戻る。

14:05～14:25 大統領、人権問題、都市政策、核軍縮について話し合うため、全米キリスト教会協議会の代表と会う。

14:35 大統領、オーバル・オフィスに戻る。

15:00 大統領、労働争議について討議するため、[redacted]長官、[redacted]大使、次官補代理[redacted]氏と会う。

15:51 大統領、3階の住居に戻る。

15:54～17:07 大統領、ファースト・レディーと話す。

17:07 大統領、オーバル・オフィスに戻る。

17:13 大統領、[redacted]氏からの電話を受ける。会話は途中で中断。

17:20～17:25 大統領、[redacted]氏と面会。

17:25～17:40 大統領、[redacted]大使と会う。

17:45～17:50 大統領、[redacted]氏と会う。

18:06～18:07 大統領、[redacted]長官と話す。

18:10～18:15 大統領、[redacted]氏と会う。
18:20～18:22 大統領、[redacted]氏と面会。
18:22 大統領、国防長官[redacted]からの電話を受ける。
面会担当大統領特別補佐官が電話をとる。
18:24～18:25 大統領、ファースト・レディーと話す。
18:34 大統領、補佐官[redacted]のオフィスに行く。
18:34～18:40 大統領、労働争議について討議する会合に出席。
18:40 大統領、オーバル・オフィスに戻る。
18:41 大統領、3階の住居に戻る。
18:44 大統領とファースト・レディー、ブルー・ルームに移動。
18:44～18:54 大統領とファースト・レディー、
ニューハンプシャー州の元運動員のために、レセプションを
催す。このレセプションは、ニューハンプシャー州の
予備選挙の記念日に開かれた。
18:54 大統領、副大統領のオフィスに行く。
18:56 大統領、[redacted]氏のオフィスに戻る。
18:56～19:00 大統領、労働争議を論ずる会議を続ける。
19:01 大統領、記者会見エリアに行く。大統領、プレスに
対して、労働争議の暫定的合意に関する声明を発表。
19:07 大統領とファースト・レディー、3階の住居に戻る。
19:07～19:58 大統領とファースト・レディー、
ニューハンプシャー州の元[redacted]選挙員のために催された
レセプションに参加している賓客に再びあいさつまわり。
19:15～19:17 大統領、議会連絡担当員と話す。
19:58 大統領、3階の住居に戻る。

西棟——プレス室

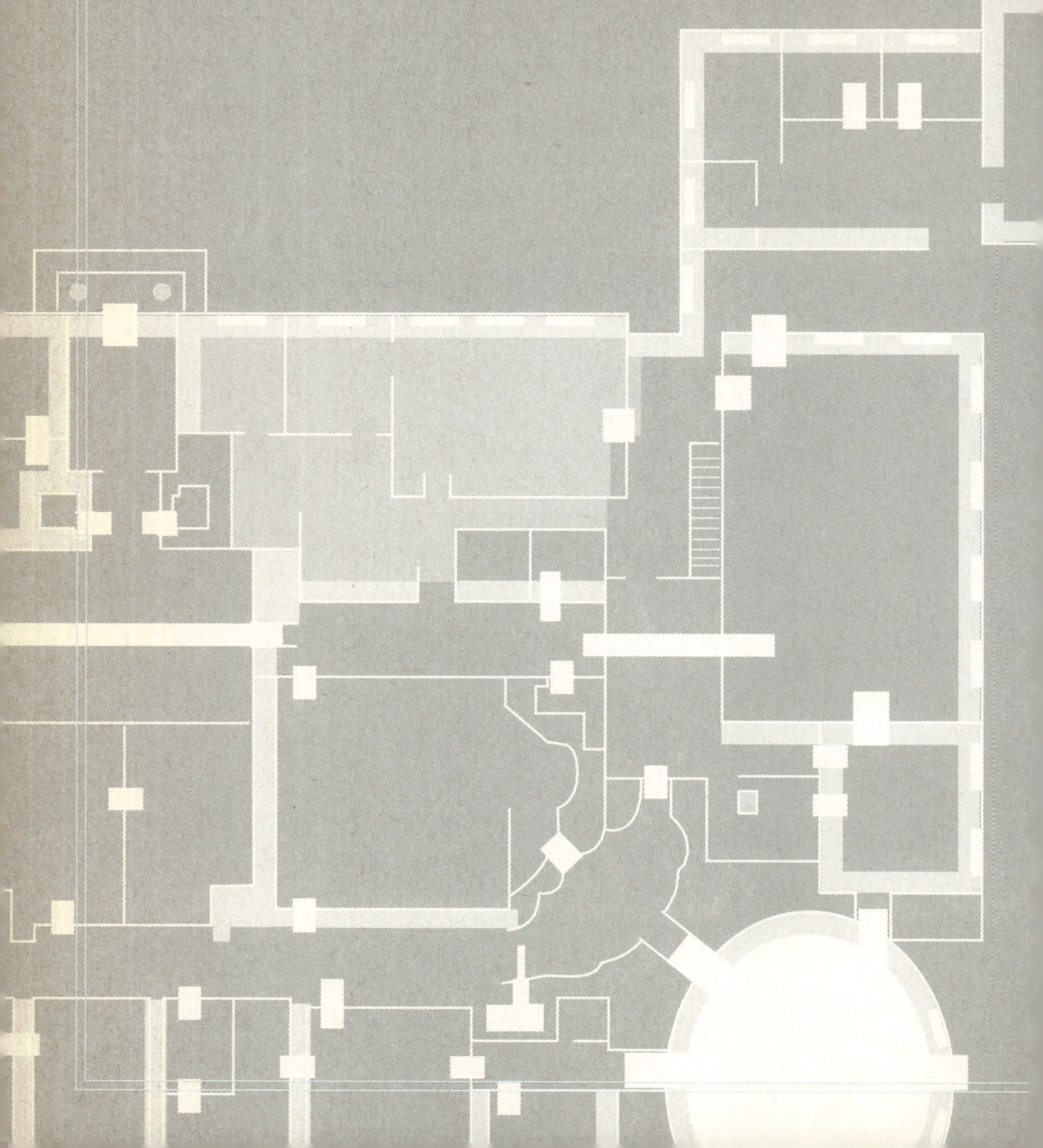

第４章

真剣に取り組む――危機やプレスへの対応

現代のホワイトハウスでは、さまざまな力が働いています。大統領は常に、自制心と落ち着き、冷静さを保っていなければなりません。メディアなどの情報収集屋が常に大統領のミッションの正当性を問題にし、対決姿勢を示している環境において、情報を受発信するのは、物理的にも精神的にも、手腕を問われる困難な仕事です。大統領は情報の指定、冗談の言い方、データの共有のやり方など、非常に重要なスキルをマスターしなければならないのです。また、切り上げるべき時を心得るすべも身につけなければなりません。

大統領に不可欠な知識

シチュエーション・ルーム（Situation Room）

問題や、災害、国家規模の緊急事態が発生したら、漆黒の羽目板張りで、映写スクリーンと巨大な会議テーブルを備えた、西棟の小さくてぱっとしない部屋、シチュエーション・ルームへの移動を覚悟しましょう。

- シチュエーション・ルームで開かれる会議のほとんどは、終了まで数時間かかります。席上、軍や政府当局者が、政権が直面していると思われる「状況」に関して懸念や見込みを概説します。
- 会議中、必要な時にはいつでも席を立って、バスルームに行くことはできますが、それ以外の時は注意深く耳を傾けることが要求されます。出席者のために、コーヒーや水、時には軽食が用意されます。

シチュエーション・ルーム

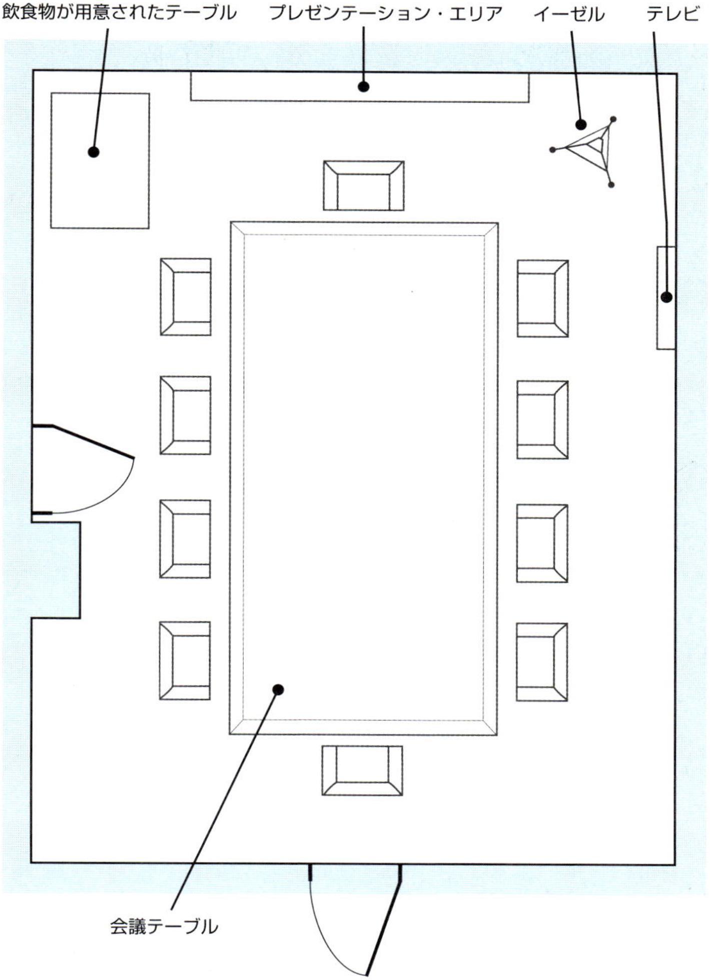

大統領に不可欠な知識

記者会見

ホワイトハウスの記者会見は通常、１ヶ月に１度以上開かれますが、スケジュールは好きに変更してかまいません。公式の記者会見の場合、普通は、少なくとも１日前には発表され、夜間、WHのイースト・ルームで開かれます。

- WHの担当記者たちは折りたたみ式の椅子に座ります。あなたは、大統領印章があしらわれた演壇に立ち、記者たちと対峙します。
- 記者会見は、質問を許可する記者の選定を含め、あなたがコントロールします。
- WHをもっとも長く担当している記者が最初の質問をするというのがしきたりではあり、実際にそうするかどうかを決めるのはあなたです。
- シンプルで単刀直入な質問をする記者もいれば、質問を不必要に引き伸ばし、生放送の間、所属ネットワーク局が記者の名前を画面上でスクロール表示する時間を稼ごうと、「演説をぶつ」記者もいます。
- あなたは質問に対して詳細に回答することもできますし、早々に切り上げて次の質問に移ることもできます（72ページの「難しい質問を切り抜ける万能回答例10」を参照のこと）。
- 記者会見は通常、冒頭のあいさつも含めて、20〜40分間です。

大統領に不可欠な知識

記者会見での振舞い方

態度

- リラックスしましょう。想定される質問に対する答弁は事前に練習しておきます。そうすることにより、さらに確信があるように見せることができます。
- ゆったりした口調で話します。一般的に、テレビ・インタビューの場合、人は普通よりも早口で話すものです。意識的にゆっくり話すように努めましょう。
- 普通の声の調子ではっきりと話しましょう。あとのことはマイクに任せれば大丈夫です。
- きちんとした文法を使い、俗語や下品な言葉は避けましょう。
- 質問者には、友人に対するように話しましょう。礼儀正しく、思いやりをもって相手に接するようにします。

外見

- 地味な色調や模様の衣服を身につけるようにしましょう。水玉模様や派手な縞柄は、カメラ映りがよくありません。青や茶、グレーが賢明です。
- 色白の人は、淡い色を身につけるほうがいいですが、白いワイシャツを含め、真っ白な衣類は避けましょう。オフホワイトや黄、青が最も効果的です。
- インタビュー番組には、スーツにネクタイをしめ、正装で臨みましょう。「野外」インタビュー、例えばヨットに乗っている時や、自然災害の被害の視察などの場合は、少しカジュアルな服装でもいいでしょう。

- カメラだと強調されてしまうそばかすやくま、しみなどは化粧下地を使ってカバーします。ただし、塗りすぎないように。
- ゴールドやシルバーのジュエリーは、スタジオの照明に反射して、好ましくない印象を与えますので、避けるようにしてください。

冗談の飛ばし方

- データはきちんとおさえておきましょう。セリフを間違えると、冗談は台なしです。
- 聴衆のことを理解しておきましょう。同じ冗談でも、尼僧と製鋼工とではまったく違う反応をします。
- 冗談を言う時は、あまり力が入らないようにします。さらっと言うのがいいでしょう。
- 聴衆が笑い出すまでは、自分の冗談に笑わないようにしましょう。
- １つの冗談が受けなかったら、しばらくユーモアは控えましょう。失敗を挽回しようと、すぐ次の冗談を飛ばすのはやめましょう。
- 人種的、宗教的、性的なユーモアは避けましょう。
- 自分を卑下するユーモアであれば、ほぼ間違いなく、人々の心を勝ち取ることができます。

大統領に不可欠な知識

プレスへの情報指定

情報をオフレコにして欲しい場合、あるいは、公表されてもいい場合でも、情報源を特定されたくない、もしくは、情報源をまったく明かしてほしくない時は、話しはじめる前に必ずその旨を明確に伝えましょう。何も言わないと、自動的にオンレコであると見なされます。

オンレコ

WHのニュースの大半を占めるのが、正式に発表された情報であり、通常は、プレス関係の人々なら誰でもが入手することができます。しかし、オンレコの情報は、報道機関1社のみに公表されることもあります。その情報がいったん印刷、あるいは放送されてしまえば、他社も報道することができます。

オフレコ

表向きには、記者は「オフレコ」で提供されたいかなる情報も、報道できないことになっています。しかし現実には、記者はしばしば「オフレコ」の話を編集長や他の記者たちにもらします。その内容が出版されたり、放送されることがあっても理論上は、「オフレコ」の約束を破ったことにはなりません。あなたは自分が口にすることは何でも公になる可能性があること、また、公にされる公算が高いことを認識すべきです。

情報源を特定しない

これは特定の人物を出所としてはいけない情報を指します。記者が頻繁に「ホワイトハウスの高官」という表現を使うのはそのせいです。

情報源を明かさない

あなたは記者に、情報の出所についてさらに一般的な表現を使うように伝えます。例えば、「ホワイトハウスの高官」ではなく、「政府筋」とするなど。

大統領に不可欠な知識

難しい質問に対する万能の回答例10

- 「ノーコメント。次」
- 「それは大変興味深い質問です。さらに検討してみる価値がありますね」
- 「今こうしている間にも、私たちはその問題に取り組んでいます」
- 「この現在進行中の問題の複雑さを考慮して、現時点では詳しく取り上げないことにしたいと思います」
- 「宿題をきちんとなさっているようですね。その質問は、専門家にお任せしたいと思います」
- 「その素晴らしい質問については、スタッフの誰かがきっとあなたに折り返すはずです」
- 「その件については、必要なことはすべてお話ししたと思います。ありがとうございます」
- 「どうもありがとうございます。次」
- 「プレスのみなさんは、最高に興味深い質問をなさいますね。機会を改めて回答します。次」
- 「申し訳ありませんが、追加質問の時間はありません。次」

テレプロンプターの仕組み

- ワープロソフトに打ち込まれたあなたの演説は、テレプロンプターのソフトにインポートされます。
- 聴衆から見るとシースルー、あなたから見ると鏡面になっている、プレキシグラスの書見台の前に立ちます。
- 書見台の下におかれた薄いモニターが、演説を「再生」します。足元にあるので聴衆には見えません。
- 自分の言うべき言葉が鏡面に映し出されます。
- これで、メモに頼っているように見せず、なおかつ聴衆とのアイコンタクトを維持しながら、原稿を読むことができます。
- オペレーターが書見台に現れる言葉の速度を制御し、あなたのテンポに合わせます。その結果、プロらしく、洗練され、誠実な態度を演出することができます。

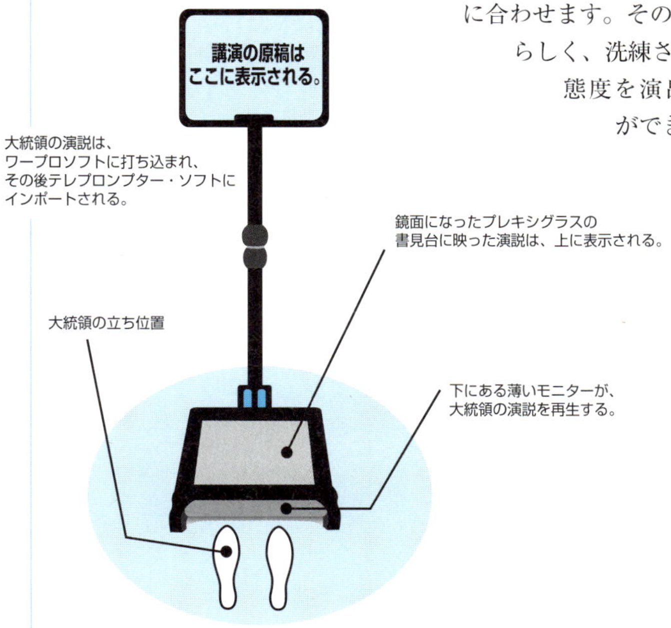

講演の原稿は
ここに表示される。
大統領の演説は、
ワープロソフトに打ち込まれ、
その後テレプロンプター・ソフトに
インポートされる。
鏡面になったプレキシグラスの
書見台に映った演説は、上に表示される。
大統領の立ち位置
下にある薄いモニターが、
大統領の演説を再生する。

テレプロンプターが故障した場合、どうやってしのぐか

こうした場合に備えて、常に手元に演説の紙原稿を用意し、それを読み上げられるようにしておきましょう。

- 技術者がテレプロンプターを修理する時間を稼ぐため、とっさに咳かしゃっくりの発作に襲われたふうを装い、それが収まるまでという口実で演壇を離れます。
- テレプロンプターが故障したことを認め、システムが回復するまで余裕ある態度でいましょう。「全部の演説を一言一句記憶することは、もちろん無理ですから」と笑顔で説明します。
- 演説の紙原稿を取り出します。
- アドリブします。プレスも一般の国民も概して、心からの想いや感情には良好な反応をするものです。
- 以上がすべて失敗に終わった場合は、演説を延期しましょう。

大統領に不可欠な知識

厳しいニュースを発表する方法

あなたの政権が、厳しいニュースや、自らの立場を危うくする可能性のあるニュースを発表しなければならない場合は、取材態勢が手薄になりがちな金曜日の午後遅くにプレスに知らせるといいでしょう。

- 一般国民は、土曜日に活字になった、あるいは、放送されたニュースにはあまり注目しないものです。
- 難しいニュースが2つ以上ある場合は、特定の情報に過度の注目が集まらないよう、まとめて発表するのがベストです。

大統領印章

大統領印章が演壇に掲示されるのは、大統領が演説する時だけです。他の人が話す時には絶対に掲示されません。軍の職員が、責任を持って、大統領演説の開始直前に印章を演壇にかけ、終了後直ぐに取り外します。

一般教書演説

毎年恒例の一般教書演説は、大統領が公の場に姿を現す行事の中では、もっとも重要とされています。スピーチライターは、大統領や他のスタッフとの打ち合わせに基づき、何十パターンもの草稿を準備します。

- まず演説のテーマを確立してから、詳細な情報や逸話に移ります。
- 国民に向かって演説する前に、数週間にわたり、政権の全部門が全草稿に目を通し、フィードバックをしてきます。その後、あなたは演説（最新の出来事に基づいて、最後の最後まで変更される可能性があります）を繰り返し読む練習をし、議会でテレビカメラを前にしても、スムーズに事が運べるように準備します。
- 演説の前夜は十分に睡眠をとり、議場に入る前に軽い食事をすませます。控えめな服装をしましょう。
- 当日は議会におけるあなたの支持者と政敵が全員顔をそろえるほか、FFも同席することになっています。周囲の人々と握手を交わすことを忘れずに。

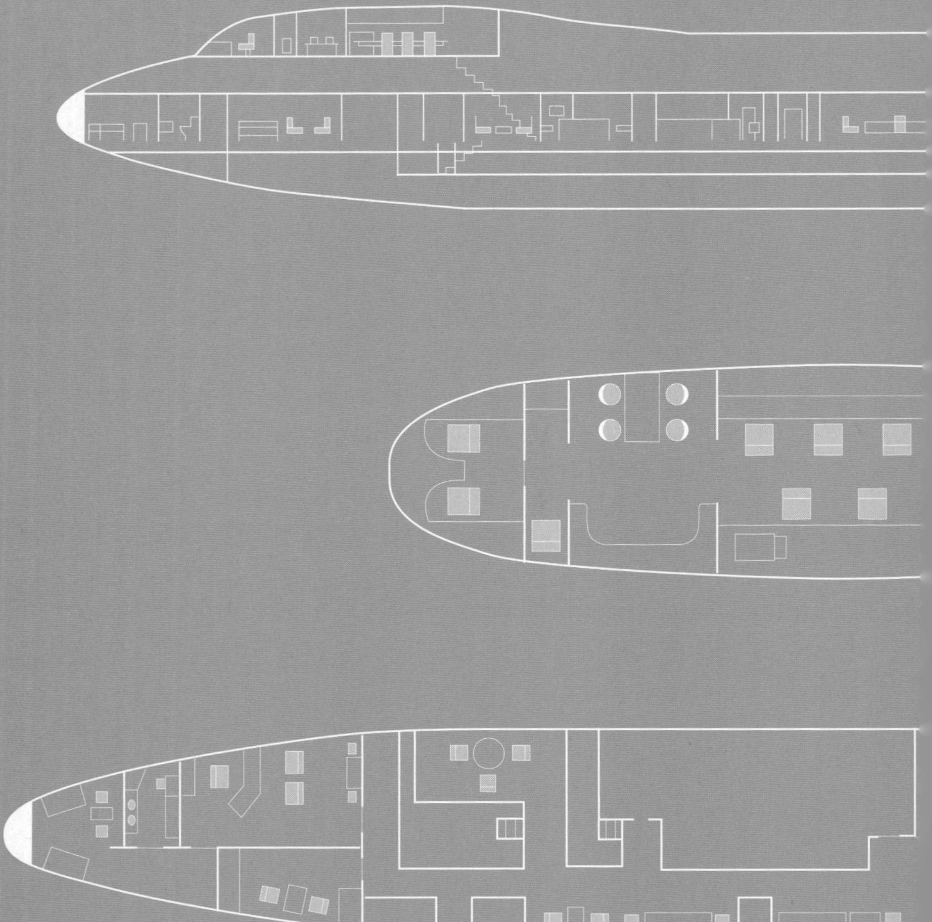

エアフォースワン

第5章

動きまわる——移動、安全、警備

大統領はよく旅行します。公務の出張もありますが、仕事と遊びを兼ねた旅行をすることもあります。目的地がどこであろうと、あなたの旅には最高のぜいたくが約束されており、予約をする必要も、現地の状況や天気を問い合わせる必要もありません。そうした事務的な問題はすべて、スタッフが処理してくれるのです。あなたがどこに行こうと、少なくとも数百人の随行員が従います。屋根にはカウンタースナイパー（対狙撃手班）が、ウィネベーゴ（注：キャンピングカー、移動住宅）にはシェフが、そして広報担当者が常に配置されています。

シークレットサービスのビジョンおよびミッション

ビジョン・ステートメント

「優秀さの伝統に基づいて未来の挑戦に立ち向かう」

ミッション・ステートメント

「合衆国シークレットサービスは、制定法および大統領命令によって、２つの重要な使命、すなわち警護および犯罪捜査を遂行する権限を与えられている。シークレットサービスは、大統領および副大統領、その家族、国家元首、その他指定された個人を保護する。また、こうした被保護者に対する脅威を調査し、ホワイトハウス、副大統領公邸、外国公館、ワシントンDC市内にあるその他の建物の警備を行うとともに、指定された国家特別警備イベントの警備計画を立案・実行する。また、シークレットサービスは、証券や債券の偽造に関する法律違反や、アクセス装置による不正行為、金融機関による不正行為、IDの盗難、コンピューターによる不正行為を含む経済犯罪、そして、国家の財政・金融・電気通信関連インフラへのコンピューターによる攻撃を捜査する」

財務省

シークレットサービス

- 世界125ヶ所に事務所
- 特別警護官 2100名
- 制服警護官 1200名
- 技術・専門官、行政官 1700名
- 年間予算 10億5000万ドル
- 制服警護官が、複数の建物から構成されるWH、副大統領公邸、ワシントンDC地域にある外国大使館や公館を警護しています。磁気探知機を操作し、カウンタースナイパーや犬の調教師として勤務するほか、特殊作戦の任務にも就きます。
- エージェントは、まず法律や捜査手法に関する9週間の研修を受講した後、兵器使用訓練、救急医療、水中でのサバイバルスキル、追跡を振り切るための運転技術など高度な防御技術のコースを11週間にわたって受けます。
- 常に最新のスキルを身につけておくため、エージェントは定期的に最新の警備手法に関する講座に参加しています。
- エージェントは、現実世界での状況をシミュレーションした「国家の長に対する攻撃（Attack on Principal）」と呼ばれる模擬訓練演習を行います。
- 希望があれば、大統領職を離れてから最長10年間、SSがあなたと配偶者を警護します。
- 離婚した場合は、その後の配偶者の警護は行われません。
- 子どもたちは16歳に達するまで警護します。
- エージェントは、機関に在籍中、継続的に高度な訓練を受けます。
- サイバー・セキュリティー関連の防止策および対応策の最前線で活躍します。
- エージェントは、職務のいかなる側面についても口外してはいけません。

よくある質問

担当のSSエージェントを使わなければいけないのでしょうか?

はい、自身の安全と国家の利益のために、あなたは常時担当のエージェントを使わなければなりません。大統領には、警護を担当する終身雇用の特別警護官がついています。出張の際は、SSエージェントの先遣隊が訪問予定地を調査し、人員や装備、病院、緊急の場合に使用する避難経路を決定します。

エージェントはどうやって私を警護するのでしょう?

SSは長年、公の場では常時エージェントで大統領の四方を取り囲み、全方向360度の安全圏を確保すべく努めてきました。しかし、現在は、諜報と歴史上の前例から脅威レベルを評価し、特定の状況における適切なレベルの警備範囲を決定するという新しい手法の開発に取り組んでいます。

ホワイトハウスの屋根にいるのは誰ですか?

公の場で大統領がSSエージェントの視界から外れることは決してありません。ホワイトハウスを離れる際など、屋根の上にSSの狙撃兵がいるのが目に止まることもあるでしょう。また、大統領がゴルフをする際には、SSエージェントはフェアウェイとグリーンをしらみつぶしに捜索します。

大統領に不可欠な知識

SSコードネーム

さまざまな局面でSSが使ってきた極秘コードネームを挙げてみます。

アクロバット／アンディ（Acrobat/Andy）：アンドリュース空軍基地

バンブー（Bamboo）［竹］：大統領の車列

ベースボール（Baseball）［野球］：シークレットサービス訓練課（Secret Service Training Division）

バーズアイ（Bird's-eye）［鳥瞰］：国務省

ブックストア（Bookstore）［書店］：ホワイトハウス通信センター（White House Communications Center）

カクタス（Cactus）［サボテン］：キャンプ・デービッド

セメントミキサー（Cement Mixer）：ホワイトハウス・シチュエーション・ルーム（White House Situation Room）

コブウェブ（Cobweb）［クモの巣］：副大統領のオフィス（Vice President's Office）

マジック（Magic）［魔法］：ヘリコプター調整指揮所（Helicopter Coordination Command Post）

ペースメーカー（Pacemaker）：副大統領の執務室（Vice President's Staff）

プレイグラウンド（Playground）［遊び場］：ペンタゴン（国防総省）ヘリコプター発着台

ポークチョップ（Pork Chop）：旧上院議員会館（Old Senate Office Building）

ロードハウス（Roadhouse）［街道沿いの安ホテル］：ニューヨーク市内のウォルドーフ・アストリア・ホテル

エンジェル／カウパンチャー（Angel/Cowpuncher）［天使／カウボーイ］：エアフォースワン

ホイールズ・ダウン（Wheels Down）［車輪が出た］：エアフォースワンが着陸した

エアフォースワン

エアフォースワンというコールネームで呼ばれる航空機は、１機だけではありません。大統領が乗っていればどの航空機でもこう呼ばれるのです。しかし、実際の運用上、大統領は通常、特別な設定がされているボーイング747-200B型機２機（尾翼の機番号28000および29000）に搭乗することになります。

- これらの機体は、飛行中に給油が可能です。
- 特別室付きの大統領専用スイート（ドレッシング・ルーム、バスルーム、シャワーを含む）と大統領執務室が用意されています。
- 会議室兼食堂が設けられています。
- 賓客、警備要員、その他のスタッフ、報道関係者にそれぞれ、個別の寝室と宿泊エリアが用意されています。
- ２つある調理室を使えば、１度に100人分の食事を出すことができます。
- 障害者対応の乗客用の洗面所は６箇所あります。
- 機体は全長231フィート10インチ（街区の長さに相当）、高さ63フィート５インチ（５階建てのビルよりも高い）、翼長195フィート８インチです。
- 屋内配線には特殊なコーティングが施されており、熱核爆発の電気的な力にも耐えられるようになっています。
- 飛行機は、最大毎時630マイル、最高45100フィートで航行します。燃料が満載されていれば、7800マイルの飛行距離が確保できます。
- 最大収容人数は乗員26名を含む102名です。

エアフォースワン

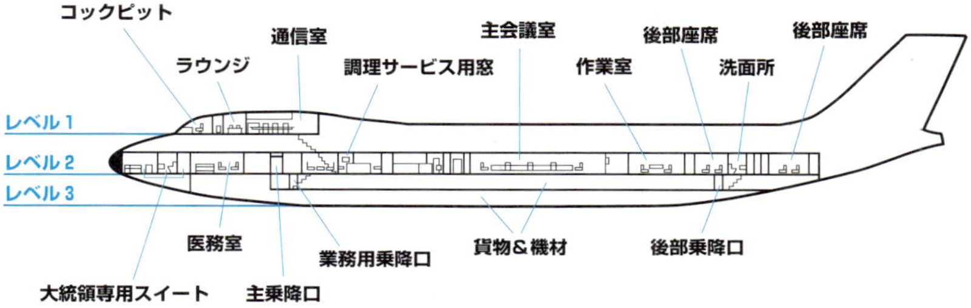

レベル 1

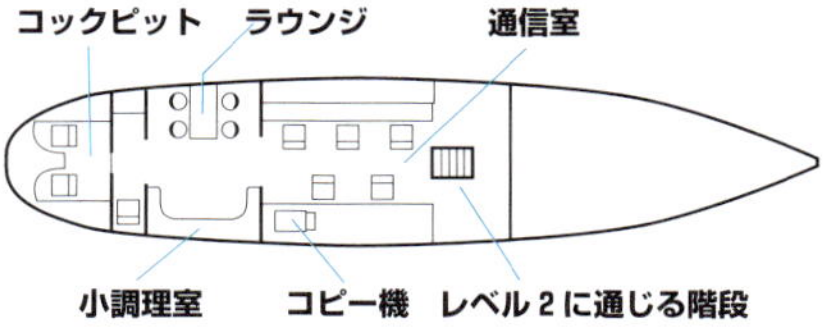

レベル 2

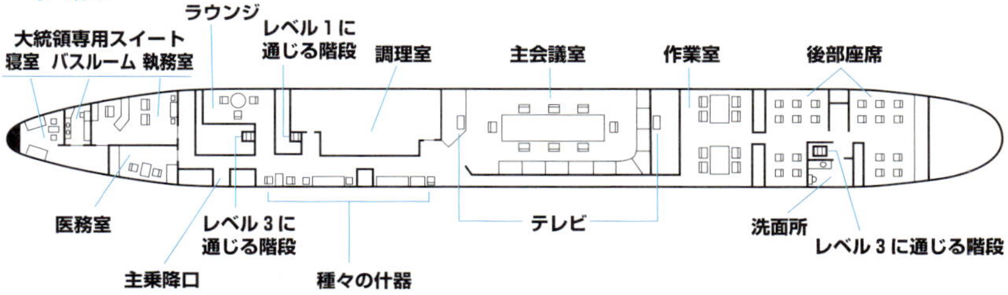

レベル 3

- 大統領専用機の機体は完璧な安全記録を誇っており、世界で最も安全な飛行機と考えられています。
- 対ミサイル防御装置などの防衛機能が装備されています。
- 離着陸の際、大統領はコックピットに座ることができます。

大統領の車列

大統領は通常、約27両の車両によって構成される車列を組んで移動します。各車両には、最大5名が乗ります。（副大統領の車列は、大統領の車列と同様の配列に並んだ16両の車両によって構成されます。）

大統領専用リムジン

- SSが警備します。車列を構成する全支援車両は、WH軍事局（WH Military Office）によって保守整備されています。
- キャデラックV8をベースにした車両で、窓は透明ガラス。
- 国内訪問の際は、飛行機で訪問先から訪問先へと輸送されます。
- 飛散防止防弾ガラス／ポリカーボネート樹脂の窓。防弾装甲の鋼板を、ドア、床、防火壁、トランクに設置。

- 市内では10マイル／ガロンで走行します。
- ヒーター付レザーシート、後部専用温度調節器とオーディオシステム設置。電話、テレビ、DVD-CDプレイヤー、各乗客専用のカップホルダー装備。

移動中の警備

大統領が国内訪問する際、SSは、

- 大統領が立ち寄る予定になっているあらゆる建物の屋根裏部屋、クローゼットなど、人が這って入れる狭い空間も、くまなくチェックします。
- 大統領が泊まるホテルの部屋に警報機をしこんだ装飾品を複数設置し、それらに衝突が加わると、SSに問題の発生が通知されるようにしておきます。
- 車列と地図上の経路を決定し、暗殺を企む人々を混乱させるため、おとりの車列を手配します。
- 近隣の病院へのルートをメモしておきます。
- 大統領の車が停車する必要がないように、信号、踏み切り、停止標識はすべて止めます。大統領は決して交通渋滞に巻き込まれないようになっています。
- カウンタースナイパーを建物の上に配置します。
- 現地の危険人物を特定し、監視します。

大統領の車列

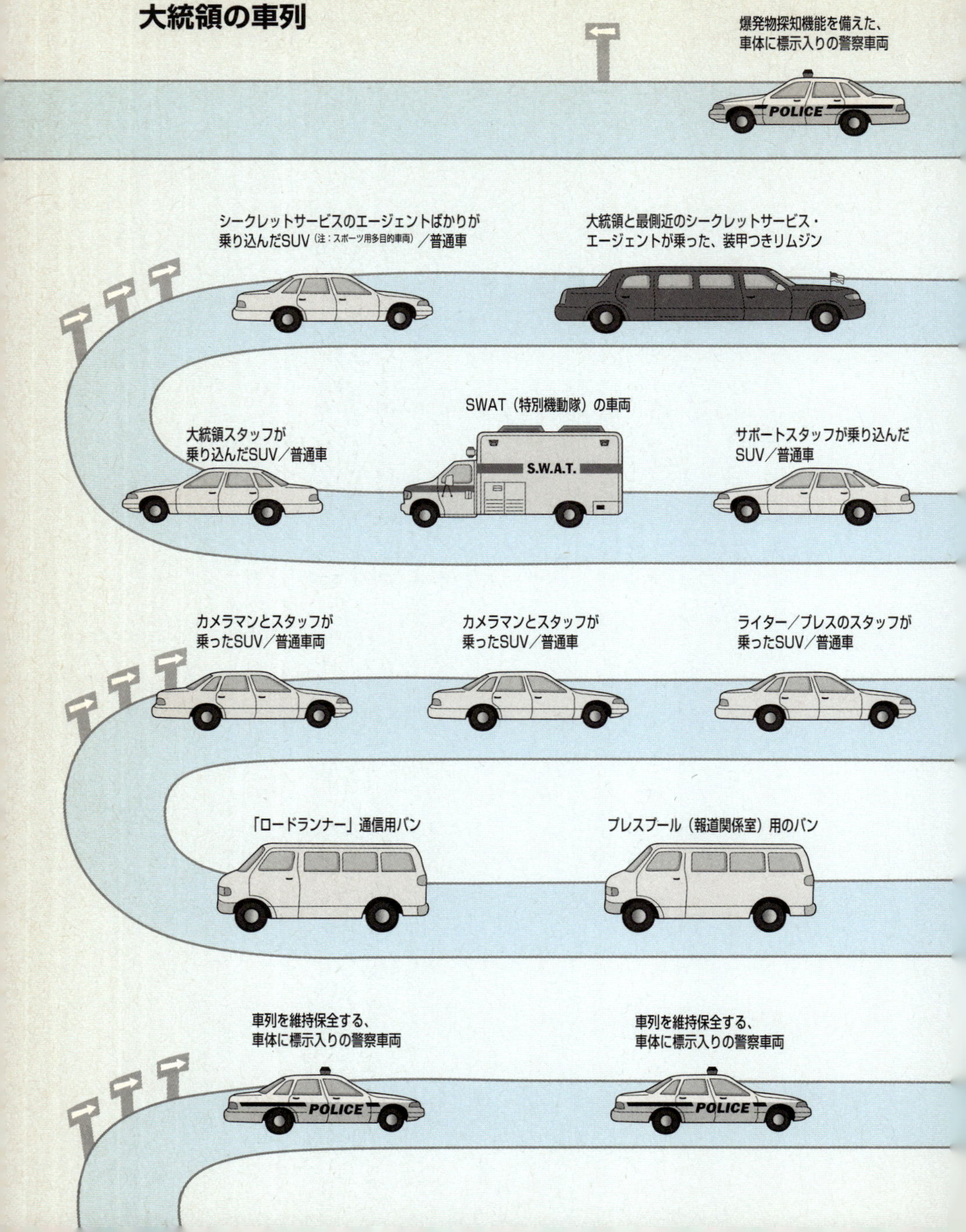
爆発物探知機能を備えた、
車体に標示入りの警察車両
POLICE
シークレットサービスのエージェントばかりが
乗り込んだSUV（注：スポーツ用多目的車両）／普通車
大統領と最側近のシークレットサービス・
エージェントが乗った、装甲つきリムジン
SWAT（特別機動隊）の車両
S.W.A.T.
大統領スタッフが
乗り込んだSUV／普通車
サポートスタッフが乗り込んだ
SUV／普通車
カメラマンとスタッフが
乗ったSUV／普通車両
カメラマンとスタッフが
乗ったSUV／普通車
ライター／プレスのスタッフが
乗ったSUV／普通車
「ロードランナー」通信用バン
プレスプール（報道関係室）用のバン
車列を維持保全する、
車体に標示入りの警察車両
POLICE
車列を維持保全する、
車体に標示入りの警察車両
POLICE

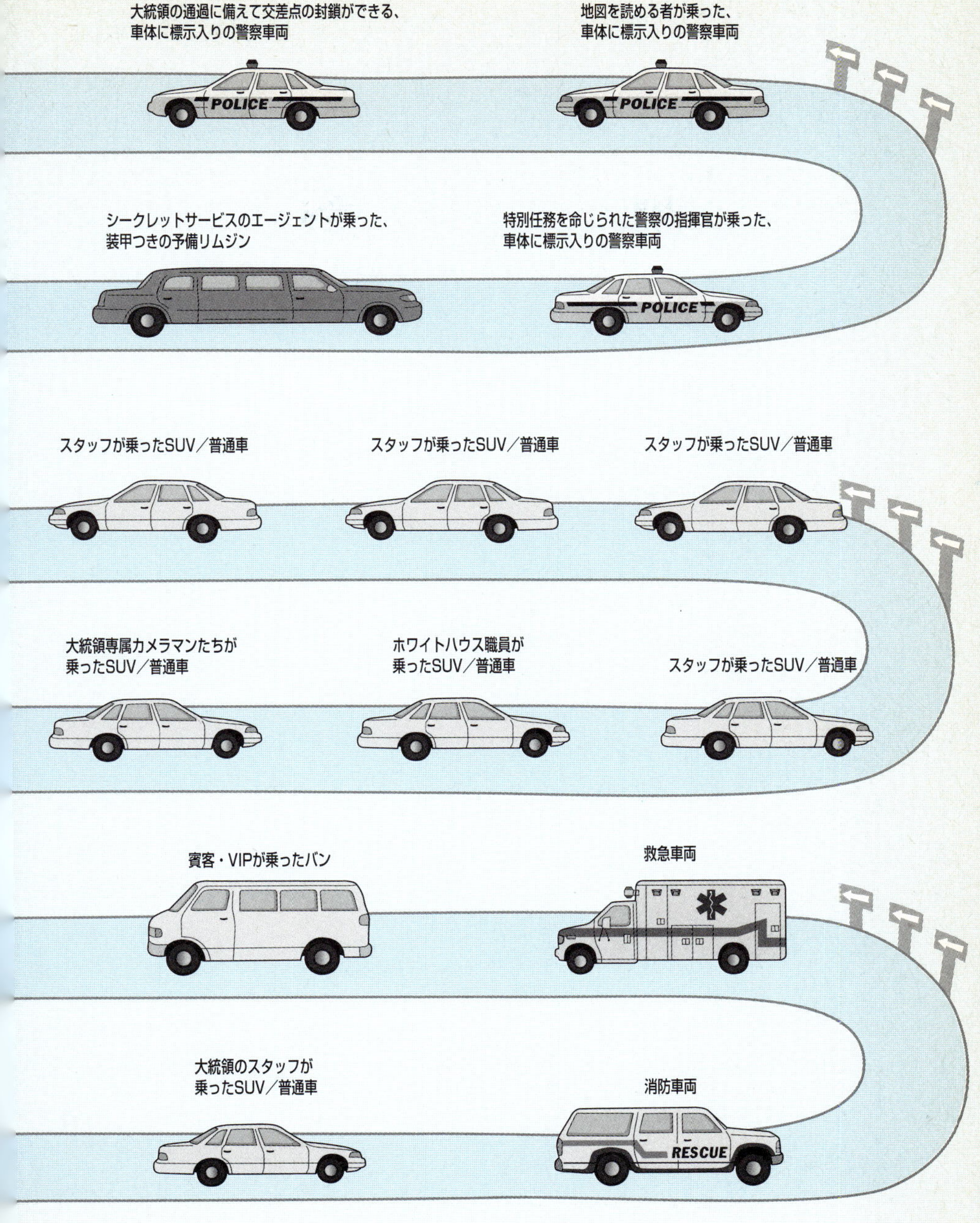
大統領の通過に備えて交差点の封鎖ができる、
車体に標示入りの警察車両
POLICE
地図を読める者が乗った、
車体に標示入りの警察車両
POLICE
シークレットサービスのエージェントが乗った、
装甲つきの予備リムジン
特別任務を命じられた警察の指揮官が乗った、
車体に標示入りの警察車両
POLICE
スタッフが乗ったSUV／普通車
スタッフが乗ったSUV／普通車
スタッフが乗ったSUV／普通車
大統領専属カメラマンたちが
乗ったSUV／普通車
ホワイトハウス職員が
乗ったSUV／普通車
スタッフが乗ったSUV／普通車
賓客・VIPが乗ったバン
救急車両
大統領のスタッフが
乗ったSUV／普通車
消防車両
RESCUE

大統領に不可欠な知識

公の場に登場する

大統領は平均して年間約450回、公の場に姿を見せます。登場する場所は、リンカーンメモリアルからアンコールワットまで、実にさまざまです。

- 訪問先で、あなたは大勢の支持者や抗議者、報道関係者、地方の名士と対面することになります。
- カメラはあなたが発する一言一句を記録し、握手を交わす様子をとらえています。
- 大統領はアプローチしやすさを演出しながらも、危害を加えようとする人からは守られなければなりません。
- 常時、国家安全保障司令部（National Security Command Center）と連絡をとれるようにしておく必要があります。
- 公の場に姿を現すには、事前に膨大な計画を立てなければなりません。あなたの出張中の予定はすべて、ホワイトハウスのアドバンス・オフィス（White House Advance Office）によって分刻みで組まれています。
- 各訪問の4～8週間前からアドバンス・オフィスは、顧問団（Cabinet）、通信局（Communications Office）、スケジューリング・オフィス（Scheduling Office）、プレス・オフィス（Press Office）、シークレットサービス、スピーチライター、モータープール（注：一時使用のための待機車両）などの動きを計画しはじめます。各方面の関係者は連携し、その訪問で人々に伝えたいメッセージを練り上げ、メッセージの伝達者にもっともふさわしい現地の人材を選定します。また、現地のカレンダーや予定表、『ファーマーズ・アルマナック』(The Farmer's Almanac)などの情報源を調査し、大統領が出席可能なイベントや祝賀行事を探します。
- 政府間業務局（Intergovernmental Affairs Office）と政治業務局（Political Affairs Office）は、大統領とともに登場するにふさわしい市長や議員などの地元名士の名前をリストアップします。

- アドバンス・オフィスはまた、地元の感度を測り、触れるべき問題、避けるべき問題を明確にします。
- SSは地元のオフィスと調整して活動をします。ホワイトハウス通信局（White House Communications Agency）は、移動衛星ステーションを組み立て、「青いガチョウ」(Blue Goose）と呼ばれる防弾設備が施された演壇を設置します。
- 地域のどの空港でエアフォースワンを受け入れてもらうかを決めるのは空軍です。また、空軍は事前に、大統領専用リムジンを2台（おとり用と、大統領が乗るもの)、SS用の車両、「ロードランナー」通信用バン、大統領専用ヘリコプターのマリーンワンを現地に輸送しておきます。
- WHの先遣隊は、あなたが到着する約6日前に現地入りして、テープマーカーを設置することから、適切な音楽を選び、あなたが人々にあいさつをするのに最適なスポットを探すことまで、500項目もあるやるべき事柄のチェックリストを完了します。SSは、車列を図面化し、各車両のドライバーの承認作業をします。
- イベントの「ストーリーボード」が描かれ、大統領が歩く場所、止まる場所、食事や宿泊場所が示されます。プレスが確実に報道してくれるよう、衛星回線の通信時間を確保します。
- 大統領が登場する際、毎回十分な人数の聴衆が確保できるように、「人集め」(Crowd Builder）担当者が現地でイベントの広報を行います。この人物は、現地の主催者と連携して、チラシを買い物袋に入れたり、家々のドアにかけるなどして配布し、さらに歩道に掲示したり、公衆トイレの鏡にテープで貼るなどします。楽団やチアリーダー、ポンポンを持った応援団が招待され、パフォーマンスを行います。横断幕を作るチームも組織されます。さらに、3000もの風船に空気が入れられます。

- プレスには、電話回線と電源用コンセント、高速インターネットアクセスで装備された専用テントが提供されます。ポータブルのビデオ編集機器や、数百人の人々が同時に記事を書き、整理・送信することが可能な数のテーブルも用意されています。訪問の前日に、ホワイトハウス・アドバンス・オフィス（White House Advance Office）が、訪問の概要を記載したプレス用の「バイブル」ともいえる予定表を記者たちに配布し、また、独自に詳細な予定表を作成します。

よくある質問

荷物は自分でまとめなければならないのでしょうか?

WHの官邸スタッフであるメイドや執事が、あなたの衣類を荷造りしてくれます。特別な要望やニーズがある場合はその旨伝えてください。あなたのバッグは、目的地まで搬送され、移動中の世話係（On-road Valet）に任命された担当者が荷解きをし、衣類がきちんと洗濯され、プレスされているかを確認します。

国外で公の場に登場する

国外への先遣隊は、たいてい大統領訪問の３ヶ月前に受け入れ国に入ります。アメリカ国内の地元の人に関する情報に比べると、外国の地元の人に関してチームが把握している情報は少ないからです。大統領が現地の大使館で公式晩餐会を開催する場合、およそ150人分の陶器、銀器、配膳用の器具などの食器セットを、海軍のシェフとスチュワード、調理する食材とともに、ワシントンから大使館まで輸送しなければなりません。

大統領に不可欠な知識

品位を保つ

どんな場合でも、大統領の品位は常に保たれなければなりません。ホワイトハウス・アドバンス・マニュアル（White House Advance Manual）にはこうあります。「大統領を厄介な状況、あるいは気まずくなる可能性のある状況に、けっして陥らせてはならない。そうした状況の発生を阻止できるのは、しばしば先遣隊員だけである……例えば、ぶかぶかのカウボーイハット、家畜動物、インディアンの頭飾り、シュライナー（注：Shriner，友愛結社（Ancient Arabic Order of Nobles of the Mystic Shrine））のトルコ帽などと写真に写ることは、明らかに大統領にふさわしくない。現地の支持者による善意から出た寛大な行為が大統領職の品位を危うくすることがないよう、常識を働かせるべきである」

儀典用エリア

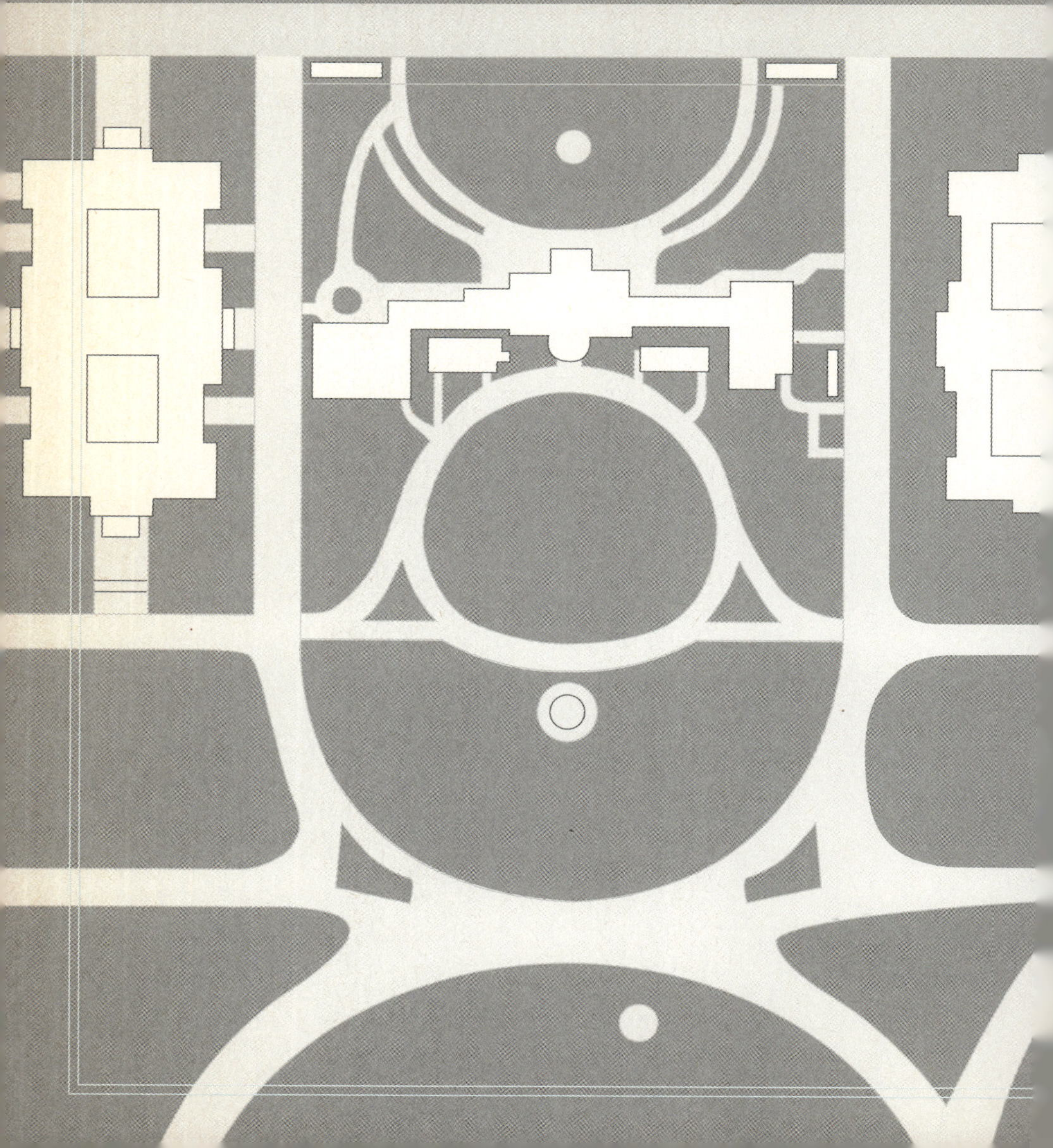

第6章

外出する——公式行事

大統領の夜の時間はしばしば、要人のために開催される公式晩餐会にあてられます。大統領は、ステート・パフォーマンス（State Performance）やカクテルパーティ、舞踏会などの社交の催しへの参加を求められているのです。その中には、国家のための催しもあれば、再選を果たす目的で開かれる催しもあります。WHを訪問する人全員が、何らかの特別な待遇を期待していますし、大統領はその期待に沿うようにしています。WH在任中、あなたは何千人もの人々と握手を交わし、何百人もの人々と友人になります。本章は、こうした催し物に参加し、こなす方法を説明します。

外交応接の間（Diplomatic Reception Room）

外交官などの重要な賓客を迎える際に、もっともよく使われる部屋です。個人的な友人もしばしば、この入り口を使用します。

- この部屋にはもともと、WHの暖房炉がありました。楕円形をしたこの部屋には、ナイアガラの滝をはじめとする、アメリカの景色を描いたアンティークの壁紙が貼ってあります。
- フランクリン・ルーズベルトは、この部屋で炉辺談義をしました。
- 賓客が車寄せで車を降りた後、最初に入るのはこの部屋です。

晩餐会場（State Dining Room）

政府による公式の催しにのみ使用されるステート・ダイニング・ルームは、３階の北東の角に位置しています。壁には手彫りのオーク・パネルがはめ込まれており、オフホワイトに塗られた複数のコリント式ピラスター（付柱）とが並び、装飾の施されたフリーズ（装飾帯）が見られます。

ホワイトハウスの主な儀典用エリア

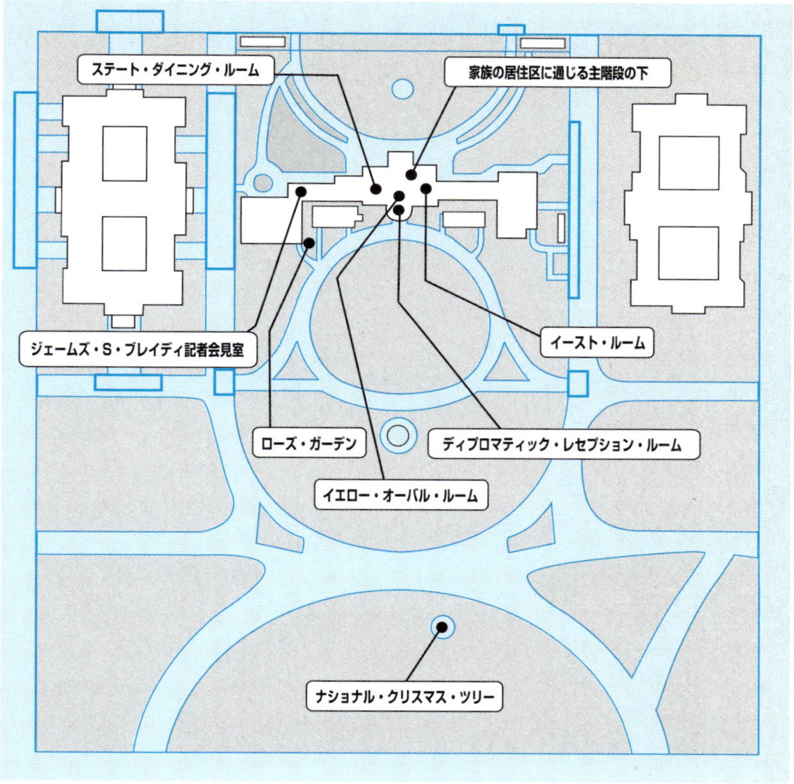

- ジョージ・P・A・ヒーリー（George P. A. Healey）の手によるエイブラハム・リンカーンの油彩肖像画が、暖炉の上にかかっています。
- マントルピースの上には、ホワイトハウス着任初日を記念してジョン・アダムス大統領が述べた言葉が刻まれています。「この家の上に、また、以後この家に住むすべての人々の上に、天が最高の祝福をお与えくださいますように。正直で賢明な人々だけがこの屋根の下で統治を行いますように！」
- 天井の高いこの部屋は、10客の円卓を並べれば、80名が座れるようになっています。あるいは、巨大な蹄鉄型のテーブルと、長い長方形のテーブルを使って、最大102名の席を用意することができます。
- 最近の政権は、円卓を使った配置が好まれてきました。各座席には、サービスプレート、ナプキン、席札、メニュー、３種類のナイフ（フィッシュ、ディナー、サラダ）、３種類のフォーク（フィッシュ、ディナー、サラダ）、４種類のグラス（水、白ワイン、赤ワイン、シャンパン）がセットされます。
- 具体的な内容はサーブされる食べ物によりますが、食事の際にはひとりひとりにも、ディナープレート、サラダプレート、デザートプレート、フィンガーボウル、カップ＆ソーサー、デザートフォーク、デザートスプーン、デミタススプーン、そして必要に応じてフィッシュフォークやステーキナイフなどの特殊な器具が用意されます。
- 大多数の公式晩餐会では、大統領は、１人以上の外国の要人に敬意を表してグラスを掲げ、乾杯をすることになります。この件については、スピーチライターが手を貸してくれるはずです。

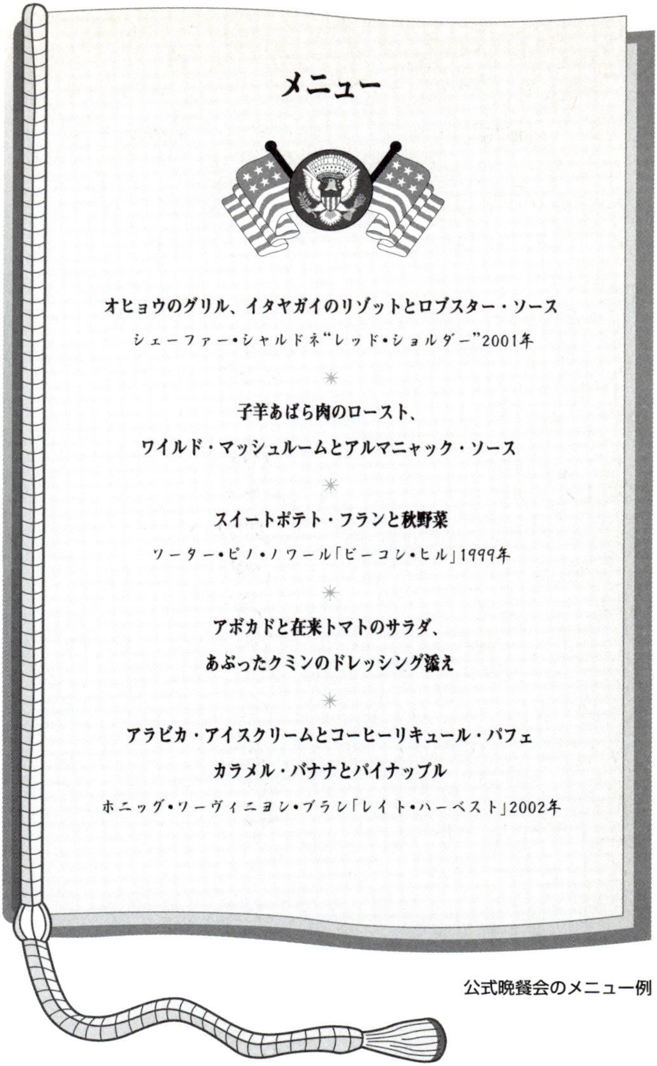
メニュー
オヒョウのグリル、イタヤガイのリゾットとロブスター・ソース
シェーファー•シャルドネ“レッド•ショルダー”2001年
子羊あばら肉のロースト、
ワイルド・マッシュルームとアルマニャック・ソース
スイートポテト・フランと秋野菜
ソーター•ピノ•ノワール「ビーコン•ヒル」1999年
アボカドと在来トマトのサラダ、
あぶったクミンのドレッシング添え
アラビカ・アイスクリームとコーヒーリキュール・パフェ
カラメル・バナナとパイナップル
ホニッグ•ソーヴィニヨン•ブラン「レイト•ハーベスト」2002年

公式晩餐会のメニュー例

首長万歳（Hail to the Chief）

公式の式典やフォーマルな席に大統領が登場する際は、「首長万歳」の曲を演奏するのが伝統となっています。ただし中には、特定の催しの際にはこの曲の演奏を控えた大統領もいました。

- この曲は、大統領が威風堂々と舞台の中心へと進み出て、出席者の注目を集める時間を作るために演奏されます。
- イギリス人作曲家のジェームズ・サンダーソンが、ロンドン・ステージ（London Stage）での舞台化にあたり、ウォルター・スコット卿の詩、「湖上の美人」につけた曲を使用しています。
- その後、この曲がアメリカ合衆国大統領のために演奏されることになった際に、アルバート・ガムス（Albert Gamse）が書いたのが以下の歌詞です。

国のためにわれらが選んだ首長に万歳、
首長に万歳！　われらはそろって彼に敬礼する
首長に万歳、協力を誓いつつ
崇高で偉大な使命を、誇りをもって果たすために

あなたの目標は、この偉大な国をさらに大きくすること
あなたはきっと成し遂げる、それがわれらの強く堅い信念だ
われらが司令官に選びし人に万歳、
大統領に万歳！　首長に万歳！
[繰り返し]

公式宴会費用の負担

ソーシャル・セクレタリー（Social Secretary）とチーフ・アッシャー（Chief Usher）は、すべての公式行事の金銭上の処理をすることになっています。例えば、外国の要人のために催された公式晩餐会の費用は、

国務省が負担します。

- あなたとファースト・スパウス（大統領の配偶者）が主催した仕事であっても、外部の組織がその費用を負担する場合があります。請求書はその組織に送付され、支払いが遅延した場合は、その組織に対して損害金が請求されます。
- 大統領が率いる政党の全国委員会（National Committee）が主催する政治的な催しの費用は、事前に支払われることになっています。1990年代後半に政治的な会合に対する支払いの遅滞が続いたため、議会がこの規定を採用したという経緯があります。

ホワイトハウスの収蔵美術品

ホワイトハウスには、450点以上の貴重な美術品や芸術品が収蔵されています。その多くは、以前の大統領が寄贈したものです。展示されている美術品の中には以下の作品が含まれています。

- コンスタンティーノ・ブルミディ作「自由」(Liberty)
- クロード・モネ作「セーヌの朝」(Morning on the Seine)
- アルバート・ビアスタット作「西部の風景」(Western Landscape)
- ジョン・シンガー・サージェント作「セオドア・ルーズベルトの肖像画」(A Portrait of Theodore Roosevelt)
- ジェームズ・マクニール・ホイッスラー作「ノクターン」(Nocturne)
- クロード・モネ作「1897年セーヌの朝、好天」(1897 Morning on the Seine, Good Weather)
- ジョージア・オキーフ作「ニューメキシコ州ベア・レイク」(Bear Lake, New Mexico)
- メアリー・カサット作「うら若き母と２人の子」(Young Mother and Two Children)

ホワイトハウスの催事と大統領が出席する伝統行事

催事のリストの一部を、カレンダー順に紹介します。

- アフリカ系アメリカ人歴史月間：著名なアフリカ系アメリカ人を招待してWHでレセプションを開催。
- 大統領誕生日：リンカーンメモリアルの訪問。
- リトルリーグ野球の日：優勝者が招待し、何球か投球もします。
- ホワイトハウス敷地・庭園見学ツアー：庭園の公開ツアー。時間が許せば、歓迎のスピーチをしてもいいでしょう。
- イースターエッグ・ロール：あなたとFFも子どもたちに交じって参加することになっています。
- 春季庭園・敷地見学ツアー：一般の人々に、ホワイトハウスの敷地が開放されます。時間が許せば、歓迎のスピーチをしてもいいでしょう。
- 少年Tボール選手を称える式典：大統領がティーの上のボールを打つことになっています。
- 10月の秋季庭園・敷地見学ツアー：上述の春季庭園・敷地見学ツアーの項を参照。
- 復員軍人の日ホワイトハウス・ツアー：アーリントン墓地を訪問。無名戦士の墓に花輪を供えます。
- ホワイトハウス・クリスマスツリーの点灯：大統領がスイッチを入れ、照明を点けます。
- 移動が不自由な人々のためのツアー：車椅子に乗った人々や、その他の障害をもつ人々が、ホワイトハウスを見学することができます。時間が許せば、大統領は歓迎のスピーチをしてもいいでしょう。
- 高齢者クリスマス・ツアー：クリスマスの飾りつけが見られるよう、高齢者をホワイトハウスの見学ツアーに招待します。時間が許せば、大統領は歓迎のスピーチをしてもいいでしょう。
- クリスマス・キャンドルライト・ツアー：クリスマス・シーズンの飾りつけが見られるよう、一般の人々をホワイトハウスに招待します。時間が許せば、大統領が歓迎のスピーチをしてもいいでしょう。

ホワイトハウス・イースターエッグ狩り

- ホワイトハウスでイースターエッグ狩りが初めて開催されたのは、1878年のことでした。
- この催しは昔から、ホワイトハウスで開催される一般公開の祝賀行事としては最大規模でした。親戚も含めた大統領の家族と、6歳以下の大勢の子どもたちが参加します。
- チケットは無料で、先着順で一般に配布されます。
- 19世紀のワシントン地域での伝統にのっとり、ホワイトハウス・キッチンのスプーンを使用して行う卵転がし競争は、1974年にホワイトハウスでの行事に加えられました。
- 通常は、ホワイトハウスの職員がイースターバニーの衣裳を着て、「バニー」に扮装します。しかし、ロナルド・レーガン政権下で司法長官だったエドウィン・ミースの夫人、ウルスラ・ミースはこの衣裳が気に入り、6回もエッグ狩りでバニーを務め、ついには「ミースター・バニー」(The Meester Bunny)の称号を勝ち取りました。

大統領に不可欠な知識

蝶ネクタイを結ぶ方法

フォーマルな場面に備えて準備をする際には、あなたづきの世話係がいつも手近にいて手助けをしてくれますが、自分で身支度を整えたいと思う時もあるはずです。

2

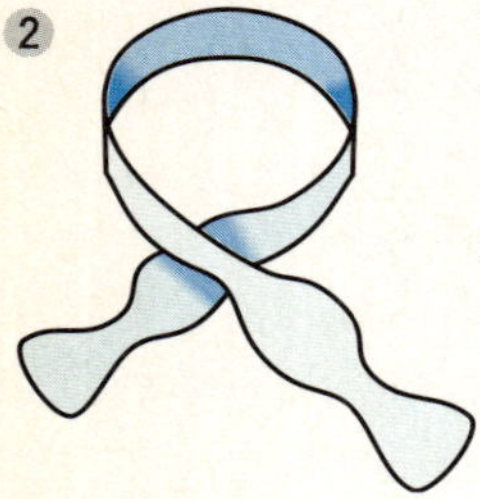

1. 首のまわりにゆるく蝶ネクタイをまわします。

2. 左手で持ったほうの端は、もう一方の端よりも１インチ半ほど長くしておきます。

3

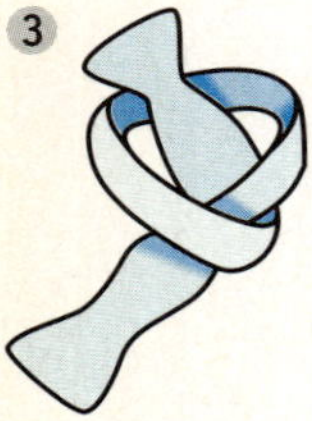

3. 長いほうの端を短いほうの端の上にまわしてループ状にしたら、その中から端を引っ張り上げます。

3

4

4. 襟先の後ろで、短いほうの端を二重に折り、蝶結びの前の部分を作ります。

5

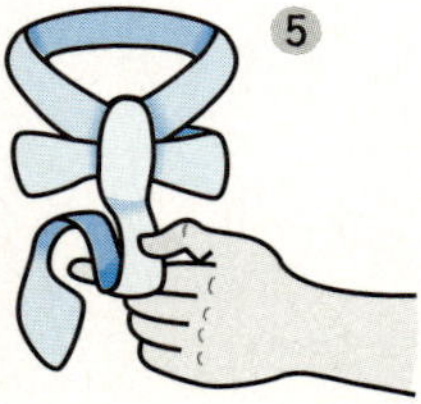

5. 左手の親指と人差し指でループを持ちます。蝶結びの前の部分の上に、遊んでいた長いほうの端をかけます。

6. 右手の人差し指で、垂れ下がっているほうの端を前のループの後ろに押し込み、結び目の中を通します。蝶結びの両端を引っ張って、結び目がしっかりと均等に締まるようにします。

6

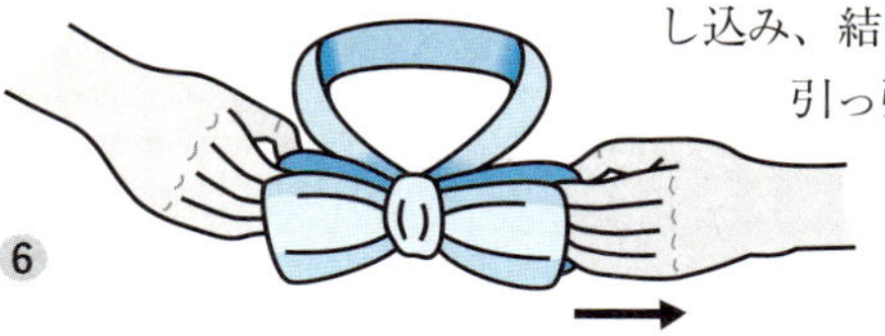

大統領に不可欠な知識

言葉の壁に対処する方法

今日でも、世界各国の指導者たちの中には英語があまりうまく話せない人たちがいますが、重要な問題についてコミュニケーションを図るために、先方の言葉を習う必要はありません。

- 国務省は、人物保証つきの通訳を必要に応じて、日中夜間、何時でも確保してくれます。
- あなたが受話器に向かって話すと、通訳は別の電話機に向い、あなたの言ったことを適切な言語に変換して繰り返します。それに対して相手国の指導者は自分の言語で答え、その内容はまた翻訳されてあなたに伝えられます。
- 相手国の指導者が、自分の通訳にあなたの発言内容を通訳させたいと言った場合は、問題が生じる可能性があるので、双方の通訳を使って、事実の誤認を防ぎましょう。

大統領に不可欠な知識

ボックスステップの踏み方

公式の晩餐会や祝賀行事ではしばしば舞踏会が催されます。あなたも踊ることになるでしょう。

- 肩の線を平行に保ち、パートナーと向き合うところから始めましょう。
- 男性は、女性の肩甲骨のすぐ下に右手を置きます。指はそろえ、ひじはやや横向きにします。
- 女性は左腕を男性の上腕に載せるようにします。親指は男性の腕の内側に添えるようにし、他の指は男性の肩にかけます。
- 女性は右手を男性の左手のひらに載せ、パートナーのうち背の低いほうの目の高さで支えます。
- パートナーの足を踏まないよう、パートナーの左側に身体半分だけ位置をずらしてとり、右足をパートナーの両足の間に入れるようにします。こうすることで、足のけがを防ぐことができます。

正しい姿勢

基本のボックスステップ

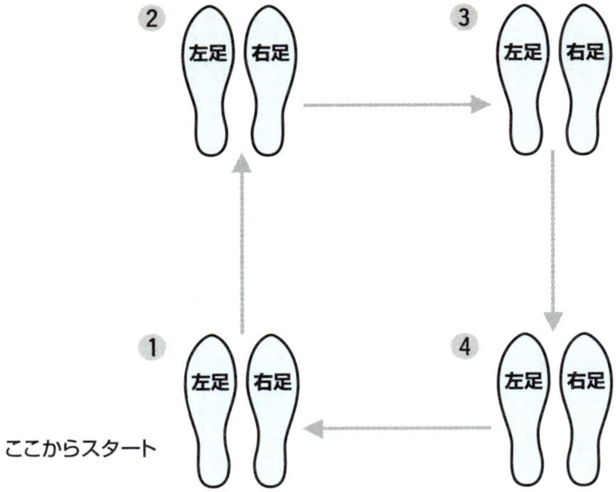

- 基本のボックスステップ：
  （軽く、速いステップ）
  右足を前に出す
  左足を右足にそろえる
  右足を右に出す
  左足を右足にそろえる
  右足を後ろに引く
  左足を右足にそろえる
  左足を左に出す
  右足を左足にそろえる

大統領に不可欠な知識

握手の方法

握手の習慣は、中世の英国人が、互いに自分が武器を持っていないことを示す必要があったことから生まれたと考えられています。そして、いまやこの習慣は世界中に広まりました。多くの人々が、握手のスタイルで相手を判断しています。しかしそれは、相手が握手のしかたを習得する能力の判断材料にこそなるかもしれませんが、人格のことを教えてくれるわけもないのです。さて、握手には3つの要素があります。

手の差し出し方

- 手のひらを下に向けて手を差し出すと、相手を格下だと考えていることになります。
- 手のひらを垂直にして差し出すと、協調の精神の意味になります。

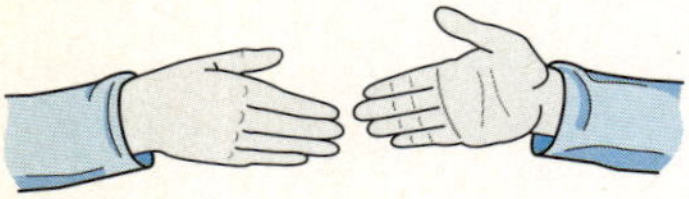

- 手のひらを上に向けて差し出すと、あなたが相手の役に立ちたいと思っていることになります。

力の入れ方

- 西欧諸国では、「強い」握手は、強靭な性格を示唆します。
- 非西欧世界の他の地域では、強く手を握ることは、無作法か、あるいは性的な意図を暗示するものと考えられています。確信が持てない場合には、しっかりと、でも優しく手を握るようにしましょう。

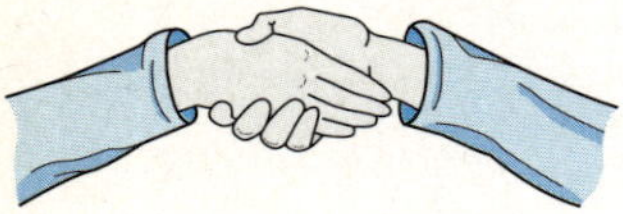

握っている時間

- 握っている時間と、上下に振る回数は、国によって大きく異なります。一般的に、好きな相手に対しては、手を握っている時間も長く、上下に振る回数も多くなります。

- 居心地が悪くなるほど長く手を握ると、相手を威嚇していることになります。

有名人に会う

ポップ界の歌姫でも、カエル調査の全国チャンピオンでも、会いたい人がいれば、ソーシャル・セクレタリーのオフィスに伝えてください。大統領からの招待が断られることはめったにありません。

よくある質問

文化の異なる人々に対してどのように行動すればいいのかを知るにはどうしたらいいでしょうか?

大統領がどのように行動したらいいのか、あるいは、大統領の前で人々がどのように行動すべきなのかに関する質問はすべて、儀典局に問い合わせることができます。この部署では、「国内外での公式の外交儀礼や、訪問中の国家元首のために催される関連祝賀行事および活動の企画・開催・進行に関して、大統領に助言と補佐、支援を行って」います。

大統領に不可欠な知識

左胸に手を置く方法

- 帽子を被っている場合は、右手で帽子をとります。
- 帽子を左肩の上で持ち、手を左胸の心臓の上で開くようにします。
- 帽子を被っていない場合は、右手を開き、心臓の上に置きます。
- 国歌演奏が終わるまで、手は心臓の上に置いたままにしておきましょう。

大統領に不可欠な知識

敬礼の仕方

1. 人差し指の先が右の眉毛に触れるように、右手を鋭い角度で挙げます。(帽子を被っている場合は、人差し指の先が右目の少し右のあたりで帽子に触れるようにします)
2. 身体から約45度前方で腕（肩からひじまで）が地面に平行に保ちます。
3. 指はすべてくっつけ、手のひらは左に向けます。手と手首はまっすぐに保ちます。
4. 背筋の緊張を保ち、まっすぐに伸ばします。
5. 敬礼をする相手や物のほうに、頭と目を向けます。手の方向に顔を向けないようにします。
6. 敬礼していた手は、１つの動作でスマートに身体の側面に下ろします。その際、身体の側面を手ではたかないようにしましょう。

コツ

- あなたは、敬礼を先導するのではなく、返す立場にあります。大統領は軍の最高司令官であり、あなたよりも階級が低い人々が先に敬礼を行います。
- 敬礼する際は、口の中に何かを入れていたり、右手に物を持っていたりしてはいけません。
- 旗まで６歩ほどの位置に来たら敬礼をし、旗があなたのところを通り過ぎ、６歩ほど後ろに離れるまで、敬礼を続けます。

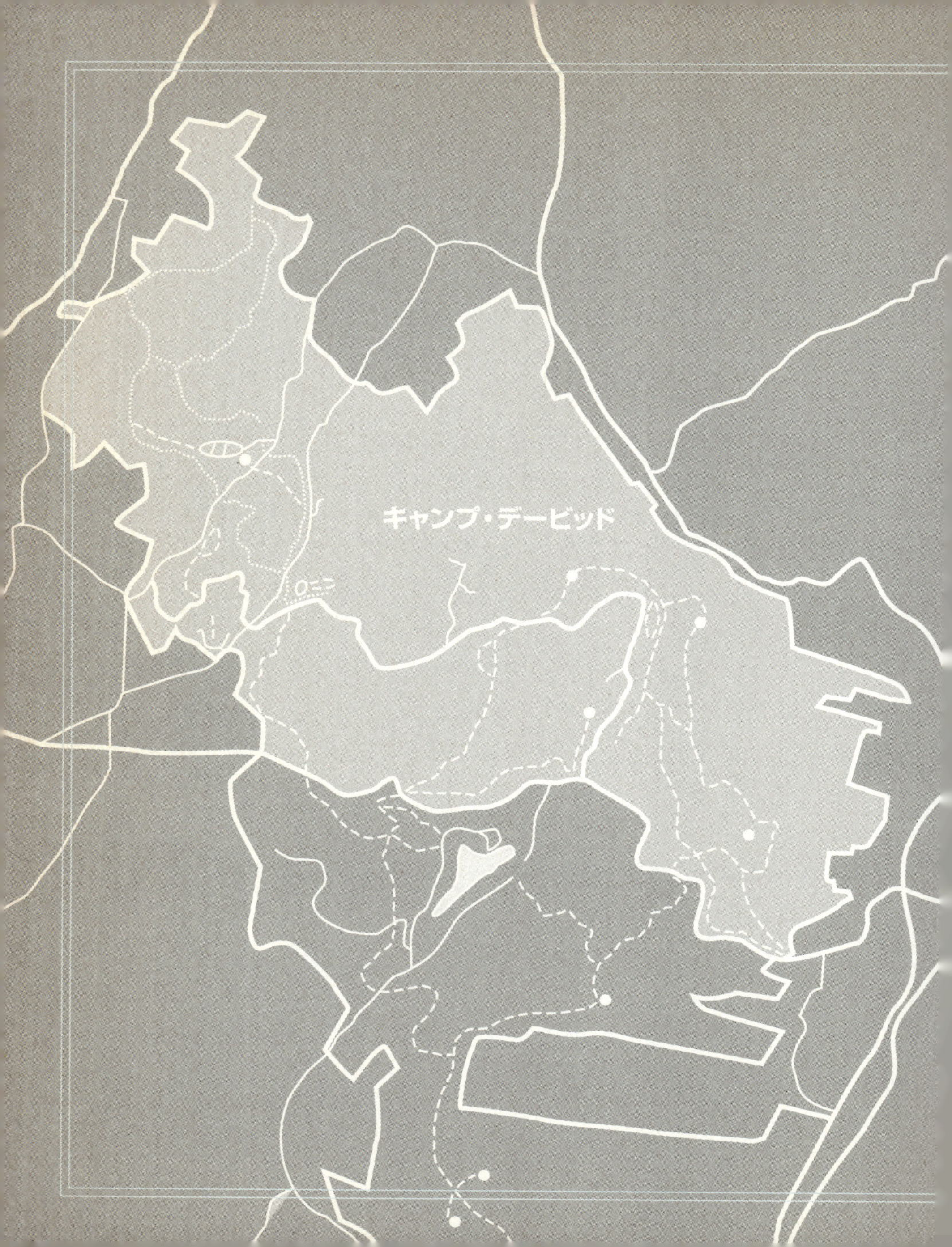
キャンプ・デービッド

第７章

命の洗濯——休養とレクリエーション

WH内でも、ある程度は大統領とFFが、一国の首都を取り巻く喧騒から逃ることのできる私的な空間が確保されています。また、水泳、ジョギング、蹄鉄投げなどのレクリエーションを楽しむこともできます。ですが、どの大統領にも絶え間ない要求が課されるWHから逃れて一息入れ、新鮮な空気を吸わなければならない時はあります。そんな時、大統領は週末に、メリーランド州のキャンプ・デービッドでつかの間の休暇を楽しむことができます。また大統領の多くは、自分の出身地を訪問して気分転換を図っています。

ホワイトハウスの娯楽施設

映画館

映画館は、東の柱廊（east colonnade）に位置しています。最前列の座席には、レイジーボーイのリクライニング・チェア（La-Z-Boy Recliner）が並んでおり、残りの61席も座り心地は抜群です。ポップコーンのマシンが設置されているほか、映画館で通常出される軽食や飲み物なら何でもあります。米国映画協会は大統領の要望があれば、どの封切り映画でも届けてくれます。

水泳プール

最初の水泳プールを1933年に建設したのは、フランクリン・D・ルーズベルト大統領でした。ポリオの後遺症による麻痺に悩まされていた大統領は、泳いで上半身を鍛える必要があったのです。1969年に、リチャード・M・ニクソン大統領は、ホワイトハウス記者団のためのスペースを確保しようとプールを埋め立ててしまいましたが、水泳好きだったジェラルド・R・フォード大統領は就任後すぐ、屋外プールの新規建設を命じたのです。さらに2002年、ジョージ・W・ブッシュ大統領はプールの水を温めるために、ソーラーパネルを設置しました。プールは１日24時間利用でき、競泳や水球などが楽しめます。

蹄鉄投げピット

ジョージ・H・W・ブッシュ大統領が、ホワイトハウス初の蹄鉄投げピットを設置しました。水泳プールの近くにあります。

ボウリング場

1947年、ハリー・トルーマン大統領の63歳の誕生日祝いに、篤志家たちが費用を出し合って、WHの地階に２レーンのボウリング場を設置しました。トルーマン大統領は、19歳の時から一度もボウリングをしていなかったからです。その後の大統領の多くが、ボウリング場を頻繁に利用してきました。ニクソン大統領は一人でプレーを楽しむことで知られていましたし、カーター大統領はしばしばボウリング場に賓客を連れ立って出かけていました。1950年、アメリカン・ボウリング・コングレス（American Bowling Congress）の認可を受け、ホワイトハウス・ボウリング・リーグ（White House bowling league）が設立されました。チームはSS、家事を担当するスタッフ、庭師、秘書、電話交換手などで構成されていましたが、2001年９月11日以後、ボウリング・リーグは解散されてしまいました。ただし、レーンは今でも、大統領や賓客が利用することができる状態で維持されています。

キャンプ・デービッド

キャンプ・デービッドなどに金曜日の早朝に出発したいのなら、木曜日の午後に手配を始めましょう。首席補佐官に出発の準備を整えておくように言えば、すべてが自動的に手配されます。

キャンプ・デービッド

- メリーランド州のカトクティン・マウンテン・パーク（Catoctin Mountain Park）にあります。
- 公園は1936年に雇用促進局の事業の一環として創設されました。
- キャンプ・デービッドが現在ある場所は、フランクリン・ルーズベルト大統領が当時ワシントンの蒸し暑い夏を避けるために利用していたヨット、ポトマック号がドイツ軍のUボートに攻撃される可能性を懸念しはじめたSSにより、1942年に大統領保養地として選ばれました。
- 第二次世界大戦の間だけここを利用するつもりだったルーズベルト大統領は、この地所を「シャングリラ」と名づけました。
- 1953年、ドワイト・D・アイゼンハワー大統領が、孫の名前にちなんで、この物件を「キャンプ・デービッド」と改名しました。
- この別荘は今でもカトクティン・マウンテン・パークの一部ですが、一般には公開されていません。

よくある質問

ゲストをキャンプ・デービッドに連れていってもかまいません?

はい、ファースト・ファミリーはよく、週末にキャンプ・デービッドにゲストを招いています。

ゲストは料金を支払う必要がありますか?

ありません。

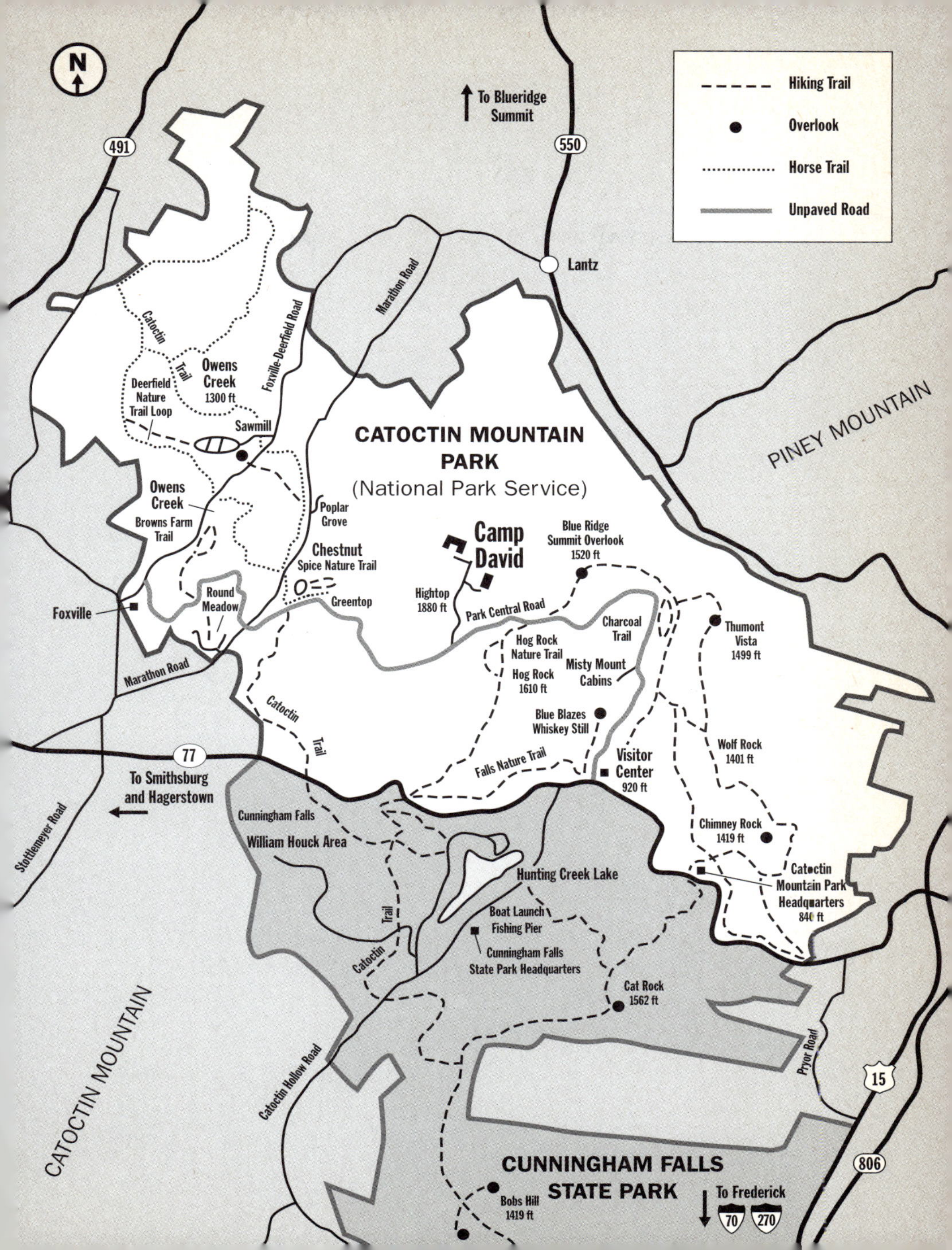

N
491
To Blueridge Summit
550
Hiking Trail
Overlook
Horse Trail
Unpaved Road
Lantz
Marathon Road
Foxville-Deerfield Road
Catoctin Trail
Owens Creek 1300 ft
Deerfield Nature Trail Loop
Sawmill
Owens Creek
Browns Farm Trail
Poplar Grove
CATOCTIN MOUNTAIN PARK
(National Park Service)
PINEY MOUNTAIN
Camp David
Blue Ridge Summit Overlook 1520 ft
Chestnut
Spice Nature Trail
Greentop
Hightop 1880 ft
Park Central Road
Charcoal Trail
Thumont Vista 1499 ft
Round Meadow
Foxville
Hog Rock Nature Trail
Misty Mount Cabins
Hog Rock 1610 ft
Marathon Road
Catoctin Trail
Blue Blazes Whiskey Still
Wolf Rock 1401 ft
77
Falls Nature Trail
Visitor Center 920 ft
To Smithsburg and Hagerstown
Stottlemeyer Road
Cunningham Falls
William Houck Area
Chimney Rock 1419 ft
Catoctin Mountain Park Headquarters 840 ft
Hunting Creek Lake
Boat Launch
Fishing Pier
Trail
Catoctin
Cunningham Falls State Park Headquarters
Cat Rock 1562 ft
CATOCTIN MOUNTAIN
Catoctin Hollow Road
Pryor Road
15
806
CUNNINGHAM FALLS STATE PARK
Bobs Hill 1419 ft
To Frederick
70
270

大統領に不可欠な知識

レクリエーション時の服装

着ていいもの

- 大統領の印章とあなたの名前が刺繍された、軍のフライトジャケット
- ギミー・キャップ
- ジーンズとカウボーイ・ブーツ
- あらゆる種類のゴルフウェア（短パンを除く）
- ランニング／ジムショーツ（エクササイズをしている時のみ）
- ランニング・シューズ
- スラックス
- ポロシャツ
- シャンブレーもしくは格子縞のシャツ
- ハンティング・ジャケット
- テニスウェア

着てはいけないもの

- 短パン（エクササイズの目的での着用を除く）
- サンダル（女性はドレスサンダルを着用可）
- サロン
- スーツ
- ビジネス・シューズ
- 濃い色の靴下

静かな時間

大統領であるあなたが、公の場で一人になることはけっしてありませんが、WHの居住エリアではプライバシーが守られています。SSのエージェントが、勝手に3階にある居住区にまでついてくることはありませんし、私的空間では（公的空間でするように）部屋から部屋へ移動するあなたの行動に逐一監視の目を光らせることもありません。エージェントが配置されるのは、居住区の入り口にあるポイントです。

大統領の居住エリアでの宿泊

あなたは自分の裁量で、公式あるいは非公式のゲストを、大統領の居住区に泊めることができます。また、ペンシルバニア・アベニューをはさんでホワイトハウスの反対側にある大統領の公式迎賓館、ブレア・ハウスに泊めることもできます。ゲストは宿泊料金を支払う必要はありません。

マリーンワン

マリーンワンというコールサインは、大統領が搭乗しているヘリコプターであれば、どの機体にも用いられます。もっともよく使用されるヘリコプターは、シコルスキーUH-60ブラックホークで、これはもともと陸軍の部隊輸送用に開発されました。大統領は通常、最新式の豪華設備を備えたVIP版のVH-60Nを利用しています。マリーンワンは以下の性能を備えています。

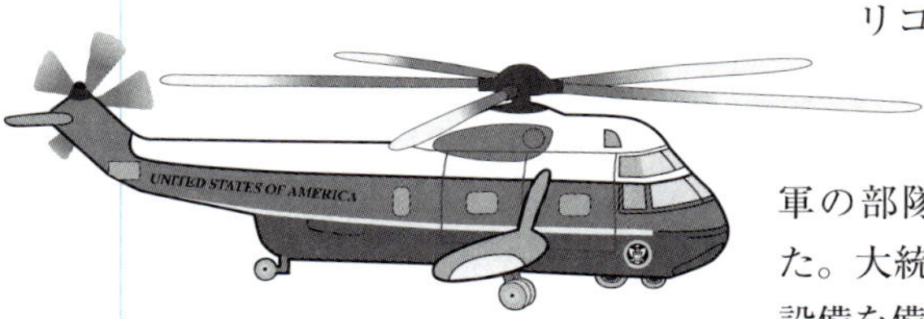

- 墜落時の乗客生存率を高める、エネルギー吸収性に優れた着陸装置
- 爆発や火災を最小限に抑える密閉性・耐穿刺性に優れた燃料タンク
- 23ミリ弾の攻撃に耐える防護装甲（VH-60Nの場合）
- 定員は乗員４名、乗客８名
- 最大速度毎時180マイル、航続距離445マイル
- 全長64フィート、高さ16フィート８インチ

付　録

雇用条件

雇用契約

合衆国法典第101条（US Code Sec.101）——任期の開始（Commencement of Term of Office）より

「大統領および副大統領は任期を４年として選出され、その任期はいかなる場合も、有権者による投票が実施された日の翌１月20日とする」

合衆国憲法第１節修正第20条（1933年）

「大統領と副大統領の任期は、１月20日正午に終了するものとし……後任者の任期はその時点より開始する」

雇用の終了

あなたの職は、議会によって弾劾手続き請求が提出されない限り、安全です。「弾劾」という用語は、あなたに対する最初の告訴手続きにのみ適用され、その手続き後、下院において裁判が開かれます。弾劾関連の法律は、合衆国憲法の６つの条項、第１条第２節および第３節、第２条第２節および第４節によって規定されています。これらの条項は、下院が大統領を弾劾し、上院が審理を行い、最高裁長官が調査を統括するものとを定めています。下院は、具体的に嫌疑内容を記した訴追条項を作成し、陪審員に宣誓就任した上院議員たちに対して論証を行います。弾劾の対象となる嫌疑には「国家への反逆行為、贈収賄、あるいはその他の重大犯罪と軽犯罪」が含まれます。弾劾により、大統領職を解任される真の危機に直面した大統領はこれまで３人しかいません。

国務長官に辞表を提出すれば、大統領職を退くことができます。

報酬

合衆国法典第102条（US Code Sec.102）――大統領の報酬（Compensation of the President）より

「大統領は、選出された任期中に、その労務に対して、年間総額40万ドルを受給し、これは月々分割で支払われるものとする。さらに、公務の遂行に関連する、あるいはその結果支払った費用の支払いを援助する目的で、経費として５万ドルを受給するものとする。この手当に関しては、所得税分を除き、清算は不要とする。大統領はまた、合衆国に帰属し、ホワイトハウスに置かれた大統領官邸に保管されている家具やその他の動産物件を使用する権限を有する」

昇給

合衆国憲法第２条第１節第７項より

「大統領は定時にその労務に対して報酬を受け、その額は大統領が選出された任期中増減されないものとする。また、大統領は任期中、合衆国またはいずれの州からも、他のいかなる報酬も受けてはならない」

しかし、議会が、あなたの後継者の昇給を承認することは可能です。

休暇

大統領は、希望するだけ休暇をとることができます。しばしば、大統領の休暇は「ワーキング・バケーション」と呼ばれています。参考までに、最近の大統領たちがホワイトハウスから離れて過ごした平均の日数を挙げましょう（移動時間と「ワーキング・バケーション」を含む）。

ジョージ・W・ブッシュ　年間98日
ウィリアム・J・クリントン　年間19日
ジョージ・H・W・ブッシュ　年間135日
ロナルド・レーガン　年間41日
ジミー・カーター　年間19日

退職

大統領年金は、大統領が退任したその日から支給が開始されます。その額は、閣僚たちの給与と連動した公式に基づいて算出されており、議会がこれらの職務について承認した給与の金額によって変動します。最近任期を務めた大統領の一人は、年間約16万ドルに加え、生活費の上昇に応じた手当を受給していました。この大統領が80歳まで生きたとすると、定年後の何十年間で、700万ドル以上の収入を得ることになります。さらに、スタッフ採用手当として年間96000ドル、アメリカ国内のどこかに事務所を構えることにした場合は賃貸料が無料になるという特典も受けられます。また、あなたが希望すれば、SSは、あなたとファースト・スパウス（配偶者）を大統領職退任後10年間にわたって警護します。弾劾によって解任された大統領は、退職手当を受けられませんが、弾劾手続きが開始される前、あるいはその最中に辞任すれば受給できます。

一般的なアメリカ政府機関の略称

ARTS
全米芸術基金
[National Endowment for the Arts]

CEA
経済諮問委員会
[Council of Economic Advisers]

CEQ
環境基準諮問委員会
[Council on Environmental Quality]

CIA
中央情報局
[Central Intelligence Agency]

CNS
国内コミュニティ・サービス公社
[Corporation for National and Community Service]

DHS
国土安全保障省
[Department of Homeland Security]

DOC
商務省
[Department of Commerce]

DOD
国防総省
[Department of Defense]

DOE
エネルギー省
[Department of Energy]

DoED
教育省
[Department of Education]

DOI
内務省
[Department of the Interior]

DOJ
司法省
[Department of Justice]

DOL
労働省
[Department of Labor]

DOT
運輸省
[Department of Transportion]

EPA
環境保護局
[Environmental Protection Agency]

EXIM
米国輸出入銀行
[Export-Import Bank of the United States]

FEMA
連邦緊急事態管理庁
[Federal Emergency Management Agency]

GSA
一般調達局
[General Services Administration]

HHS
保健社会福祉省
[Department of Health and Human Services]

HUD
住宅・都市開発省
[Department of Housing and Urban Development]

HUMANITIES
全米人文基金
[National Endowment for the Humanities]

IMLS
博物館・図書館サービス局
[Institute of Museum and Library Services]

NASA
航空宇宙局
[National Aeronauts and Space Administration]

NSF
国立科学財団
[National Science Foundation]

OMB
行政管理予算局
[Office of Management and Budget]

ONDCP
全米麻薬撲滅対策室
[Office of National Drug Control Policy]

OPIC
海外民間投資公社
[Overseas Private Investment Corporation]

OPM
連邦人事管理局
[Office of Personnel Management]

OSTP
科学技術政策室
[Office of Science and Technology Policy]

PC
平和部隊
[Peace Corps]

PRC
郵便料金委員会
[Postal Rate Commission]

SBA
中小企業庁
[Small Business Administration]

SSA
社会保障庁
[Social Security Administration]

STATE
国務省
[Department of State]

TDA
貿易開発庁
[Trade and Development Agency]

TREAS
財務省
[Department of the Treasury]

USAID
国際開発庁
[United States Agency for International Development]

USDA
農務省
[United States Department of Agriculture]

USTR
アメリカ通商代表部
[Office of the United States Trade Representative]

VA
復員軍人省
[Department of Veterans Affairs]

WH
ホワイトハウス
[White House]

参考情報源

以下の情報源にアクセスして、詳細な情報を得ることができます。

書籍

マイケル・K・ボーン著『Nerve Center: Inside the White House Situation Room（中枢部：ホワイトハウスのシチュエーションルームの内側）』ブラッセイズ社、2003年

ゲイル・バックランド、キャスリーン・カルバート・アギラール著『The White House in Miniature: Based on the White House Replica by John, Jan, and the Zweifel Family（ミニチュアで見るホワイトハウス――ジョン、ジャンをはじめとするヅヴァイフェル家が作ったホワイトハウスの模型から）』ニューヨーク、ノートン社、1994年

マーサ・ジョイント・クマール、テリー・サリバン著『The White House World: Transitions, Organization, and Office Operations（ホワイトハウスの世界――変遷と組織、各局の業務）』テキサスA&M大学出版、2003年

マーガレット・トルーマン著『The President's House: A First Daughter Shares the History and Secrets of the World's Most Famous Home（大統領の邸――大統領の娘が世界で最も有名な邸の歴史と秘密を明かす）』ニューヨーク、バランタイン社、2003年

ケネス・T・ウォルシュ著『Air Force One: A History of the Presidents and Their Planes（エアフォースワン――大統領とその専用の歴史）』ニューヨーク、ハイペリオン社、2003年

クレア・ウィットコム、ジョン・ウィットコム著『Real Life at the White House: 200 Years of Daily Life at America's Most Famous Residence（ホワイトハウスでの生活の現実――200年間にわたってアメリカで最も有名な邸宅で営まれてきた200年の日常の暮らし）』ニューヨーク、ルートレッジ社、2002

新聞・雑誌のアーカイヴ

(多数の中から抜粋)

シカゴ・トリビューン

デトロイト・フリー・プレス

ニューヨーク・タイムズ

ワシントン・ポスト

ワシントン・マンスリー

ウェブサイト

http://www.access.gpo.gov
http://www.americanpresident.org
http://www.amvets-ny.org
http://www.askthewhitehouse.gov
http://www.beyondbooks.com
http://www.dtic.mil
http://www.edtion.cnn.com
http://www.elks.org
http://www.emperor.vwh.net
http://www.factmonster.com
http://www.fas.org
http://www.gi.grolier.com/presidents
http://www.high-impact-leaders.co
http://www.infoplease.com
http://www.nationalgeographic.com
http://www.news.bbc.co.uk
http://www.presidentialpetmuseum.com
http://www.usnewswire.com
http://www.whitehouse.gov
http://www.law.cornell.edu/uscode/

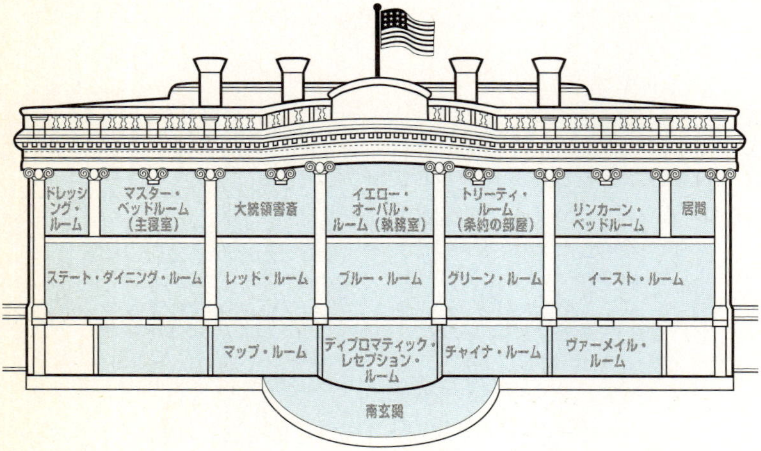
ドレッシング・ルーム
マスター・ベッドルーム（主寝室）
大統領書斎
イエロー・オーバル・ルーム（執務室）
トリーティ・ルーム（条約の部屋）
リンカーン・ベッドルーム
居間
ステート・ダイニング・ルーム
レッド・ルーム
ブルー・ルーム
グリーン・ルーム
イースト・ルーム
マップ・ルーム
ディプロマティック・レセプション・ルーム
チャイナ・ルーム
ヴァーメイル・ルーム
南玄関

著者紹介

スティーヴン・P・ウィリアムズ (Stephen P. Williams)

ニューヨーク在住のライター。ニューヨーク・タイムズ紙、ニューズウィーク誌、マーサ・スチュアート・リビング誌などに記事を掲載している。

訳者紹介

和泉 裕子（いずみ　ゆうこ）

翻訳家。神奈川県出身。英国ロンドン大学アジアアフリカ学院卒。

編集協力　Office Miyazaki Inc.

原書デザイン　Hotfoot Studio
原書イラスト　Nancy Leonard

日本語版デザイン　嶋　亮子
DTP制作　関川 一枝

大統領になったら　アメリカ大統領究極マニュアル

発行日　2004年8月30日　第1刷

著者　スティーヴン・P・ウィリアムズ
訳者　和泉 裕子（いずみ　ゆうこ）
発行者　中村　守
発行所　株式会社　扶桑社
東京都港区海岸1-15-1　〒105-8070
Tel.(03)5403-8859(販売)　Tel.(03)5403-8869(編集)
http://www.fusosha.co.jp

印刷・製本　図書印刷株式会社

万一、乱丁落丁の場合はお取り替えいたします。

ISBN4-594-04779-3 C0097
定価はカバーに表示してあります。